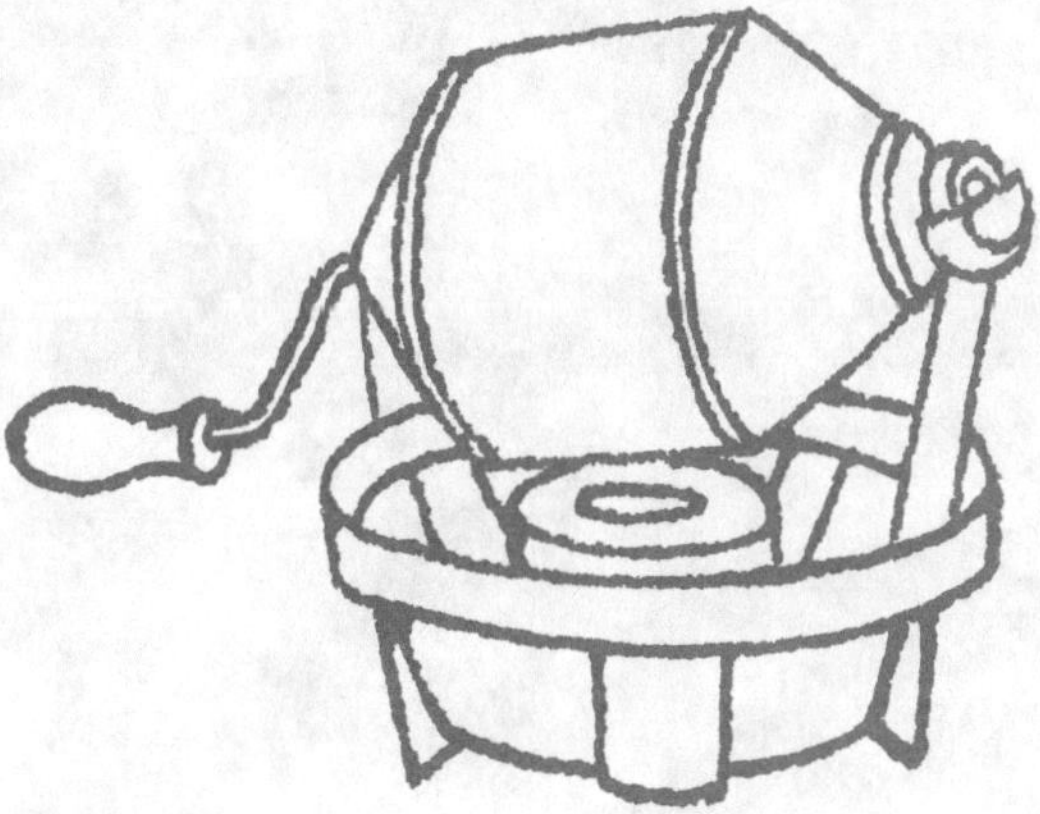

HOME
COFFEE
ROASTING

ホーム・コーヒー・ロースティング

お家《うち》ではじめる自家焙煎珈琲

嶋中 労　旦部幸博

集英社インターナショナル

目次

装画　平井利和
ブックデザイン　仁木順平
撮影　小林鉄兵

まえがき

旦部幸博

昨今の新型コロナの流行が、私たちの暮らしのいたるところにさまざまな変化をもたらしています。コーヒーもその例に漏れず、喫茶店やカフェでコーヒーを飲む機会がずいぶん制限されてしまいました。しかしその一方で、巣《す》ごもり中に自宅でコーヒーの抽出などにチャレンジする人が増えているそうです。そんな話を聞くたび、自分がコーヒーに凝《こ》りはじめた頃のことを思い出します……入門書とドリッパーとコーヒーの粉を買ってきて、見様見真似で抽出した初めての一杯は、お世辞《せじ》にもおいしいとは呼べない代物でしたが、それでも深い感動があったものです。今現在それを初体験して「新鮮な感動」を味わっている人がいると思うと、なんだか羨《うらや》ましくも感じます。

私がコーヒーに凝りだしてから三〇年以上経ちますが、今でもコーヒーの新たな一面に気づかされることが、時々あります。たとえば、一九世紀の海外のコーヒー本をネットで見つけて読んでいた時、こんなことが書いてありました。

「おいしいコーヒーのためには、必ず抽出する直前に焙煎、粉砕して使うこと」

初めてこれを見た時は、思わず目を疑いました。今の常識だと、焙煎直後は炭酸ガスが多く出すぎて、ドリップしても味が出にくいという意見が主流だからです。ところがある時ふと思いついて、一九世紀当時の煮出し式で抽出してみたところ、焙煎直後でも味が十分出せるうえ、特有の甘い香ばしさが前に出てなかなか悪くありません。個人的にはやっぱり今のやり方で淹れるほうが口に合うものの、この香りに慣れ親しんだ当時の人ならば「直前に焙煎する」ことにこだわってもおかしくないと、また一つ「新たな一面」を見つけることができました。


今でこそ、コーヒー豆は焙煎された状態で、喫茶店やカフェなどはもちろん、スーパーやコンビニなど至るところで当たり前に売られています。コーヒーが趣味だという人も、自分で挽《ひ》いて抽出はしても、焙煎はハードルが高いと思われがちで、まだまだ少数派なのが現状です。しかし、そうなる以前には自宅で焙煎するのが珍しくなかった時代もあったのです。

誤解しないでほしいのですが、別に懐古趣味に浸ったり、それがコーヒー本来のあり方だと礼賛したいわけではありません。今の時代のほうが生豆《なままめ》の品質や、抽出・焙煎の技術など当時より上でしょうし、何より圧倒的に便利なのですから。

ただ、もしあなたが焙煎未経験で、コーヒーのことをもっと知りたいと思うなら、実際に自分で何度か焙煎してみることを強くお勧めします。抽出に比べてハードルが高いことは否めませんが、自分で焙煎して初めて見えてくる「コーヒーの一面」が、非常に……抽出して初めて見えてくる部分よりも遥かに……たくさん存在するからです。フライパンでも手網でも、道具はなんでも構いません。そして経験を積めば、市販のコーヒーにはない「自分だけの味」に辿り着くこともできるでしょう。

……と、なんだか偉そうなことを言っていますが、白状すると私自身の焙煎の腕前は、さほどではない自覚があります。もともとあまり器用な方でもない私では、技術面でプロに及ばないのは仕方がない……実はそんな諦めの境地で、他の人がやらない自分の得意なことをやろうとしたのが、私がコーヒー関連論文を渉猟《しょうりょう》しだしたきっかけでした。ただ、そうして論文を読んで得た知識を実体験と照らし合わせて、焙煎や抽出の理論をまとめていくうちに、台東区日本堤の名店「カフェ・バッハ」の田口護《まもる》氏との知己を得て、氏が現場で培ってきた経験知とすり合わせた共著『コーヒー おいしさの方程式』（NHK出版）を上梓する機会に恵まれました。この時、ライターとして私と田口氏双方の主張をうまくまとめてくれたのが、本書でもペンを執《と》っていただいた嶋中労氏です。

『コーヒー おいしさの方程式』は今も版を重ね、プロやプロをめざす人たちを中心に愛読していただいています。ただし、その焙煎の項は（自家焙煎店のための指南書がまず必要だという田口氏の熱い思いもあって）業務用焙煎機を前提にしたプロ向けの解説が中心です。そのため自宅で行うホーム・ロースティングに関しては語りきれなかったのが、ちょっとだけ心残りでした。その無念（?）を晴らすべく、ホーム・ロースティングにスポットを当てて、嶋中氏と作り上げたのが本書なのです。

歴史を振り返れば、もともと喫茶店やカフェは「人と人との交流の場」として成立したものです。もちろん、そこにはコーヒーが付き物でしたが、メインはあくまで会話や意見交換で、おいしさは二の次でした。おいしさを探求するのはむしろ、ルイ一五世やバルザック、ブリア＝サヴァランなど個人の愛好家たちの役割で、彼らが「インフルエンサー」として、コーヒー文化や伝統を築いてきたと言えます。ところが現代では、有名店のマスターなど一部のプロがその役割を担っています。特に日本はちょっと特殊で、七〇～八〇年代に隆盛した自家焙煎店の人々が職人技を磨き、いわゆる「深煎りネルドリップ」に代表される独自のコーヒー文化を牽引《けんいん》してきた経緯があります（ちなみにアメリカで職人的な技術が注目されるようになったのが九〇年代のサードウェーブ〔第三の波〕の原点なので、日本は世界の先を行っていたわけです）。

そして日本には、その当時から自宅での焙煎に取り組みつづけてきた「ホーム・ローステイングの先達たち」が多数います。それぞれ思い思いの道具を使ってコーヒーを焙煎し、趣味として気軽に楽しむ人から、そんじょそこらのプロでは太刀打《たちう》ちできないほど「コーヒーおたく度」の高い人まで、実にさまざまです。本書ではその中でも、すこぶる付きの人々を紹介しました……いずれ劣らぬ強烈な「個性派」揃いです。こうした、いわゆる在野の知識は、あまり注目されてはいませんが、彼らが経験的に培ってきたノウハウや技術の中には、新たな発見につながる貴重な手がかりが詰まっています。

スペシャルティ（一九七〇年代のアメリカで始まった生豆の品質重視の運動）にサードウェーブと、日本のコーヒーを取り巻く状況は近年、大きく様変わりしました。入手できる器具や材料も充実し、ユーチューブなどの動画サイトやSNSにより個人での情報発信も手軽になりました。私が「技術面でプロに及ばない」と諦めた頃に比べると、プロ・アマの垣根は低くなったと感じます。もちろんプロにはプロの強みがありますが、どうしても「商売」にするための落とし所を探る必要が出てくるものです。しかし個人が趣味でやるには採算も利便も度外視できるし、たとえ失敗したところで、自分ひとりがまずいコーヒーを飲めば済む話。アマチュアにはアマチュアの強みがあると言えます。

もしかしたら、「個人の愛好家」が再びコーヒー文化の担い手として活躍する時代に向かっているのかもしれません。ホーム・ロースティングに興味のある人はもちろん、プロ・アマ問わず、すべてのコーヒー愛好家たちにとって、本書がコーヒーを楽しむ一助になることを願っています。

1

実践

手網・フライパン

焙煎を観察しやすい手網

台東区は日本堤の「カフェ・バッハ」。有名な〝コーヒー御三家〟の一人、田口護の店だが、ほんの目と鼻の先に「バッハコーヒートレーニングセンター」がある。自家焙煎店の開業を考えている人たちに向け、各種焙煎セミナーを行うのがこの場所だ。今回はこのトレーニングセンターをお借りし、手網やフライパン、そして手廻しロースターによる焙煎を実演してもらい、併せて田口からそれぞれの長所・短所を聞いた。

今や焙煎名人として知られる田口だが、手網のキャリアも五年と長い。意外だが、「勉強のため」と、さも当然といった顔で言ったものだ。田口の挙げた手網焙煎の長所は、

① 網の値段が安く、他の道具が要らない
② 煙の抜けがよく、いわゆる〝ガスごもり〟が起きない
③ 味がクリアーで、コーヒーの特性が出やすい
④ 火力調整が自在で、豆の変化をつぶさに観察できる

では逆に短所はというと、

① 手が疲れるのと、ガス台周りが薄皮《うすかわ》で汚れ、掃除が大変

1

3

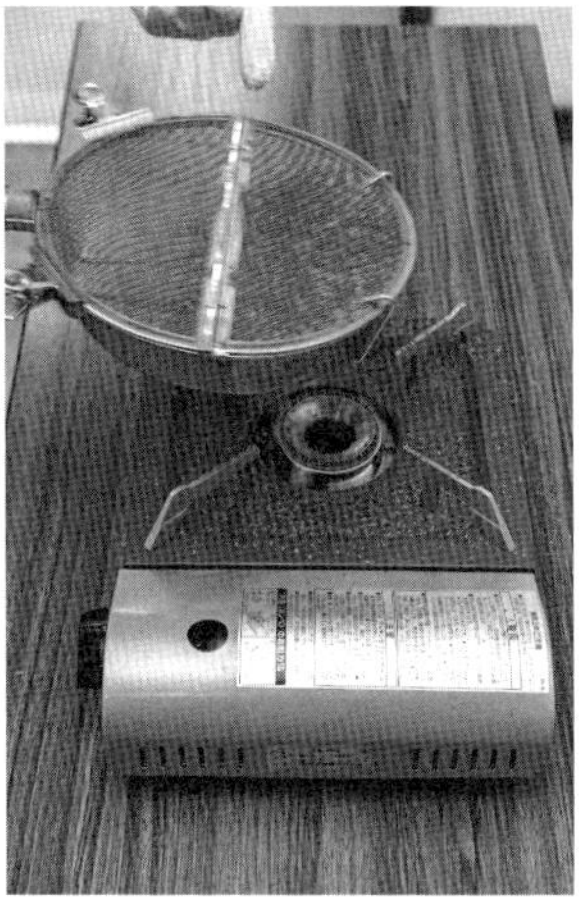

2

4

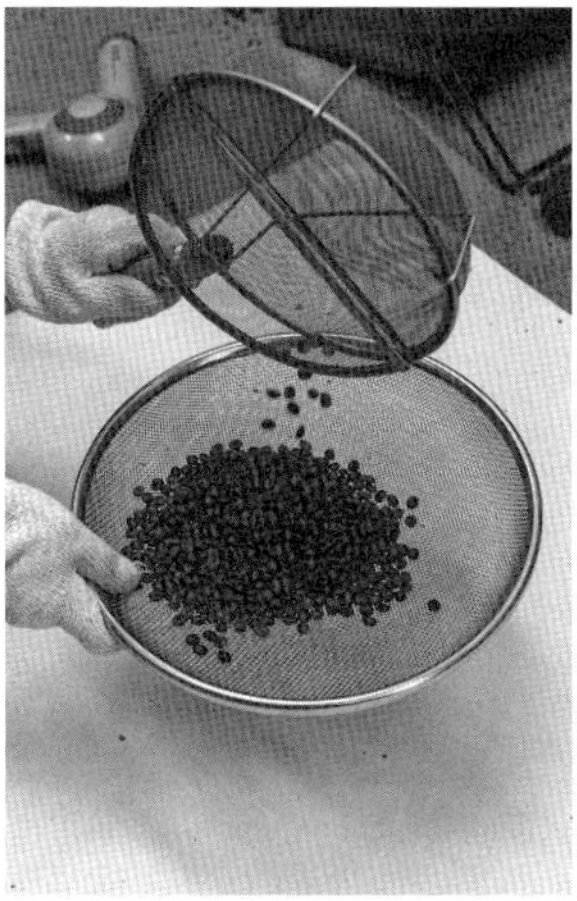

1／適量の生豆を手網に入れてフタをクリップで留め、ガスコンロの火を中火に設定。　**2**／炎から10〜15センチくらいの高さを保ちながら、煎りムラがないように前後左右に攪拌する。最初は遠火にしてゆっくり焙き、豆を十分に膨らませる（水抜き）。　**3**／生豆の色がキツネ色になってきたら、火に近づけてゆく。「パチパチ」という音が聞こえるのが1ハゼ。そのまま煎り続けると、今度は「ピチピチ」という音がする。これが2ハゼ。　**4**／好みの焙煎度に達したら、豆を金ザルに取り出す。取り出した豆は団扇やドライヤー等で素早く冷却する。

（技術指導／カフェ・バッハ田口康一）

ということであった。

手網キャリア三〇年の筆者もだいたい同じような感想だ。初心者向けとしては最高、といわれるのは、「観察のしやすさ」だろうか。生豆の色や形、香り、煙の出具合やチャフ（薄皮）の飛び具合まで、それこそ目の前でつぶさに観察できる。田口はライトローストからイタリアンローストまで焙《や》き込み、それぞれの焙煎度で味や香りのチェックを産地銘柄ごとに行ったというが、そうした地道な「勉強」の積み重ねが、名人への道につながったのであろう。

今回手網やフライパンで焙いた生豆はごくふつうのブラジル（ナチュラル）とパプアニューギニアの二種類である。手網は直径二三センチ、深さ五センチのもので、生豆を入れたらクリップで留め、家庭用の簡易カセットコンロ（今回は三〇〇〇キロカロリーのものを使用）で焙煎する。一回に投入する生豆は一五〇グラムだ。生豆は田口が選んだものだが、なぜブラジルとパプアニューギニアなのか訊《き》いたところ、

「初心者は比較的難易度の低い豆から焙いたほうがいい。どこの産地が入門者向きかというと、私はよく〝カリブ海系〟という言い方をする。キューバやハイチ、ドミニカといった豆で、成熟度が高く、粒も揃い、肉も薄いので火の通りがいいんだ。ブラジル・ナチュラルもカリブ海系と同類で、どこでも手に入れやすいので練習用に向いている。やわらかくて、実に伸びがいい。おまけに〝失敗してもおいしい〟がブラジルの殺し文句（笑）。水洗式に比

べると、味や香りで優《まさ》っている感じがする。個性が強いのですよ。いろんな味を楽しみたかったらブラジルが一推《いちお》しだね」

ナチュラル（非水洗式）でつらいのはチャフが飛びやすいこと。ウォッシュト（水洗式）は逆に飛びにくい。昔は生豆の精製が悪く、焙煎する前に水で研ぐ手もあったと田口は言う。手早く洗った後、天日干しをすることもあったが、精製度の高い現在の生豆にそれは必要ないそうだ。

手網焙煎のバッハ方式は、火力（中火）を一定（炎から一〇～一五センチ）にして手網をコンロの火に対して水平に保ちながら前後に振り、火力は高さで調節するところ。最初はやや遠火にしてゆっくり焙く。いわゆる〝水抜き〟で、豆を十分に膨らませるための手順である。コの字型のアルミ箔や板で囲い、蒸《む》らし状態を作るという手もあるが、取り回しがけっこう大変なので、今回は割愛《かつあい》した。一ハゼ（爆《は》ぜる音）は八分、二ハゼは一二分。換気のため窓やドアを開け放っていると火力は不安定になり、焙煎時間が通常よりかかってしまうので要注意だ。

「手網は煙の抜けがいいから、いわゆる〝かぶり香〟というのが少ない。逆に言うと外気の変化による影響を受けやすいということ」（田口）

狙いどおりの焙煎度に達したら、網をコンロからおろし、煎り豆を金ザルに広げる。そしてドライヤーか団扇《うちわ》で手早くあおぐ。冷却段階でまごまごしていると、余熱で焙煎が進んでしまうからだ。これはフライパンも同じ。素早く冷風を送り、手でさわっても熱くない程度まで冷やす。

安定度が高いフライパン

さてお次はフライパンでの焙煎だ。フライパンというと底の平らなテフロン加工のそれをつい思い浮かべてしまうが、鍋底が平らだと豆が接地したまま滑るばかりで、手網のように宙《ちゅう》に踊ってはくれない。となれば煎りムラは必至。できれば中華鍋のように底の円い鍋が望ましい。今回はボンチョルという韓国製の鉄鍋を用意した。小ぶりな中華鍋という感じだろうか（直径二一センチ、深さ七センチ、重さ四九〇グラム）。軽いから取り回しが実に楽なのである。

田口はフライパン焙煎の長所と短所をこう指摘している。まず長所から。

①　手網同様、豆の変化をつぶさに観察できる
②　手網よりも豆が膨らむ
③　直接炎に触れさせていないので、豆を黒く焦がすことがない

一方短所としては、「菜箸などで絶えず掻《か》き回さなくてはいけないので、気が休まらない」（田口）といったところか。手網と似たり寄ったりである。

ところで、手網はもろ直火式だが、フライパンは鉄板でガス火を遮《さえぎ》っているので、半直火

1

2

3

4

1／フライパンに適量の生豆を投入し、ガスコンロの火を強火に設定。**2**／炎から5センチくらいの高さを保ちながら、煎りムラがないように菜箸やヘラを使って攪拌する。　**3**／生豆が色づき、膨らみはじめると、水抜きの工程から煎りの工程になる。時折、鍋を振りながら、攪拌する。「パチパチ」という音で1ハゼがはじまり、そのまま煎り続けると、今度は「ピチピチ」という2ハゼの音に。　**4**／好みの焙煎度に達したら、豆を金ザルに取り出す。取り出した豆は団扇やドライヤー等で素早く冷却する。

（技術指導／カフェ・バッハ　田口康一）

（半熱風）といえるかもしれない。鉄の板が一枚ある分だけ、熱の伝わり方が直接的ではない。もちろん菜箸やヘラで常に掻き回すだけでなく、時々、チャーハンを煽《あお》るみたいに鍋を振り、豆を宙に飛ばしているので、局部的に加熱されることもまずない。その意味では、煎りムラも出にくいし、味の安定度も手網に比べればよいといえるかもしれない。

フライパンに投入した生豆は一〇〇グラム。今回は手網、フライパンともに、二ハゼまでもってゆき、煎り止めた。フライパンをコンロに固定する場合は煎りムラを防ぐため、弱火で煎ったほうがいい。それと豆の攪拌《かくはん》を忘れないこと。ボンチョルのような軽い鉄鍋であれば、火から離して手網みたいに煽ることもできる。ただ、鍋の振り方のコツをつかむまでは時間がかかるかもしれない。それもまた楽しきかな、だ。ちなみに一ハゼは一〇分、二ハゼは一四分。

2

お家焙煎の科学

旨かった鉄鍋焙煎の味

「カフェ・バッハ」の田口護は、世界八十数カ国を経巡《へめぐ》っているという。観光目的ではなく、主にコーヒー生産地の視察だ。近年はなぜかアフリカづいていて、ケニアやタンザニア、エチオピア、それにブルンジやウガンダ、ルワンダといった国にも足繁《あししげ》く通っている。

ある時、エチオピアのホテルに泊まったのだが、ここで伝統的なコーヒーがふるまわれた。

「エチオピアの伝統的なセレモニーで、コーヒーの原産地に住む部族の〝カリオモン〟というお茶会が大本《おおもと》だとも言われてます。焙煎から抽出まですべて女性がやるもので、エチオピアでは嫁入り前の女性が身に付けておくべき作法だそうです。生豆をまず洗いますね。それをフライパンに似た鉄鍋に移し、五徳みたいなものの上に置いて直火で煎るんです。この作業がまた長いんだ（笑）」

田口はこう言って笑うのだが、このコーヒーが忘れがたいほど旨かったという。このセレモニー、終わるまで一〜二時間くらいかかるというから、せっかちな人間には向かない。カリオモンは〝コーヒーをご一緒に〟の意らしい。

コーヒーにうるさい田口が原初的ともいえる鉄鍋焙煎の味を褒《ほ》めている。多少の世辞は差し引いたとしても、田口が力を込めて「旨かった」と言うのだから、ほんとうに旨かったのであろう。

この逸話を滋賀医科大学医学部准教授の旦部幸博に話し、「鉄鍋（フライパン）でもそのレベルにゆけるのか？」とズバリ質問したら、旦部の答えは「可能なはずです」と実にシンプルなものだった。旦部は微生物学や遺伝子学が専門だが、コーヒー研究家としてもつとに有名で、『コーヒーの科学』（講談社ブルーバックス）や『珈琲の世界史』（講談社現代新書）などヒット作を著している。この項では旦部の力を借り、焙煎というものに科学のメスを入れたいと考えている。

深煎りの甘味の正体

まず最初に頭に入れておいてほしいのは、コーヒーの苦味や酸味、あるいは苦味の中にほのかに感じられる甘味、それとさまざまな香り……こういったものは、ほとんど生豆の中には存在していないことだ。これらは「焙煎」により生み出されるもので、焙煎なくして香味もへちまもないと旦部は言うのである。

ついでに、またまた衝撃的なことだが、日本の焙煎名人たちは〝深煎りの甘味〟を追求している、とよく言われる。なかには〝ニガマ（苦甘）〟なんて呼んでいるものもある。実際、銀座「カフェ・ド・ランブル」の故・関口一郎も、吉祥寺「もか」の故・標交紀《しめぎゆきとし》も、さらに南青山「大坊《だいぼう》珈琲店」の大坊勝次も深煎りコーヒーの中に感じられるかそけき甘味の追求に生涯を捧げてきた、といってもいい。一方、旦部は、

「〝甘さ〟の正体は、実は味ではなくフレーバーではないか」

と推理している。コーヒーの液体中には甘味成分というものがほとんど存在しないため、甘く感じられるのは味ではなく香りではないか、というのが旦部の推論である。

「コーヒーを煎ってゆくと、中煎りで焦がし砂糖やイチゴと同じ香り成分（シュガーラクトンやストロベリーフラノン）、深煎りでバニラエッセンスのバニリンという香り成分が出てきます。私たちの脳は甘い香料を口に含むと甘い味と勘違いする特性があるので、深煎りコーヒーを飲んで感じる甘味も、この脳の勘違いから生じるのではないでしょうか」

またさらにこうも続ける。

「深煎りから加熱しつづけると、バニリンは出来るそばから熱分解されて、煙臭や薬品臭のあるフェノールなどに変化します。留めておくのは難しい。そう考えると、やっぱりバニリンなどの甘い香りが『かそけき甘味』の正体なのかもしれません」

ことほどさように、科学の光を当てると、せっかくの甘やかな夢もあっけなく壊されてしまうこともある。だが逆に夢が膨らむこともある。手網やフライパンの焙煎だって、やる人がやれば、名人級の味に到達できる、というのがそれだ。筆者はもっぱら手網とフライパンで焙煎しているのだが、「もか」や「大坊」級の味をめざしつつも、やるたびに挫折感に包

まれてきた。やる気もいくぶん失せていたのだが、機械による焙煎でなくとも、名人級のレベルまでゆくのは「可能なはず」とする旦部の言葉に励まされた。この言葉は世の焙煎愛好家へ贈る最高のエールかもしれない。旦部は言う。

「まず大前提として、私はどんな焙煎方法であっても、その方法を〝極めれば〟望みどおりの香味、あるいはそれに非常に近いコーヒーを焙くことは可能だと思っています。抽出もそうですが、どの器具を使うか、だけでなく、どういう使い方をするか、という点まで含めれば、可能性の幅は無限だと信じています。私自身がまだまだ〝極み〟には程遠いので（笑）、実地に証明することができず、やや説得力に欠けますがね……」

こう言って笑うのだが、エチオピアで鉄鍋を操っていた一般の女性でさえ、焙煎のプロと称される田口護の味覚を唸《うな》らせたのだ。われわれがその域に達するはずがない、と誰が言えるのか。

味の再現性

さて、それではさっそく手網焙煎あたりから俎上《そじょう》にのせようと思うが、ここで一つ断っておく。旦部は科学者らしく、さまざまなデータやエビデンス（証拠）を重視する。コーヒー研究家として知られてはいるが、コーヒーはあくまで趣味の領域で、本業でもなければ専門でもない。しかしコーヒーにかける熱情は半端ではなく、国内外から掻き集めたコーヒー関連の資料だけでも一〇〇〇本を超えるという。『コーヒーの科学』を一読すれば、そのことはすぐに了解できよう。が、旦部がいつも言うように、コーヒーにはまだ科学で解明されていない謎も多く、彼の答えが絶対とはいえない、ということなのだ。

日本学士院賞を二度もらっている吉田富三という学者はこんなことを言っている。

《科学的には〝正しいか、正しくないか〟という物の問い方は避けるべきだと思います。常に〝いかなる条件の下に、いかなる範囲で正しいか〟と問いかける用意が必要だと思います》

特に自然科学の世界では、科学は一定の条件、一定の範囲の中で効力を持つもの、というのが常識だ。ついそのことを捨象《しゃしょう》して議論しがちなわれわれは、いま一度その〝常識〟とやらを心に留めておくべきだろう。

手網焙煎に三〇年以上のキャリアを持つ筆者は、「焙煎をはじめたいのなら、まず手網からはじめろ」と声を大にして言いたい。一番のメリットは、生豆が刻一刻と変化してゆく様子が手に取るように分かり、焙煎のイロハを全身で体得できるからだ。旦部も同意見で、「手網の最大の長所は、手軽さとハードルの低さ。器具そのものが数万、数十万円するという代物ではないので、経済的にもハードルが低い。それとモニタリングのしやすさ。焙煎中の豆の変化をそれこそ五感でモニターできる。それプラス、自由度が高いということ。たとえば、仕上げ時に、一瞬だけ豆を裸火《はだかび》（コンロの炎）にくぐらせる、なんて芸当はほかの焙煎法ではなかなかできません。もちろん、それがおいしさにつながるかどうかは分かりませんがね」

と、まさに初心者向きの焙煎法だと説いている。ならば短所は？　そのことなら筆者にも分かる。第一に、腕が疲れる。第二に、疲れた腕が機械のように精確に動くわけではないので、「味の再現性」という点で劣る。

「短所は手作業ということで、火力や攪拌が感覚頼みになってしまうこと。それとフライパンやロースターによる焙煎に比べると、器具そのものへの蓄熱があまり期待できません。フライパンと比較しても、ちょっとした動きが火力に影響しやすく、場所によっては風などの影響も受けてしまい、温度管理が難しい。となると、シビアな煎り止めが要求されている場合、腕と運（笑）が必要となる。ま、今回は趣味の世界の話なので、そんな堅い話は似合わないが、商売にできるかと問われたなら〝NO！〟と言いますね」（日部）

筆者もそう思う。時々、運よくめざす味に近づくことがあるが、すべて運任せでは商売にはなるまい。もっとも、この短所といえるものが、筆者にとってはそれほどの欠点とは思えず、むしろ「結果は見てのお楽しみ」といった〝いい加減さ〟に魅力があるということもできる。最高の豆に煎り上がることもあれば、最低の出来になることもある。負け惜しみではなく、そこがかえって面白いのである。

前述したように、手網の良いところは炭化寸前までの豆の変化を直に観察できること。それとハゼとは何か、が実に分かりやすいことだ。一ハゼは「パチパチ」、二ハゼは「ピチピチ」と音がする。場合によっては三ハゼもあるという者もいる。そのハゼが目の前で香気とともに繰り広げられるのだから、初めて焙いた時は感動したものだ。色の変化だって、これほど分かりやすい焙煎法はない。焙煎のイロハを学ぶに、最もふさわしい焙煎法といわれる所以《ゆえん》なのである。旦部も、

「焙煎中に起こっている現象を直接、自分の目や耳、鼻で観察できることが最大の効能ではないでしょうか。焙煎上手になるためには、豆がどのように変化してゆくものなのか、その〝基本の流れ〟を理解しておく必要があります。ただし限界はあります。毎回毎回、一定条件で焙くことがなかなかできないことと、失敗した時にどこが悪かったのか、原因究明が難しいこと」

と、いい面、悪い面を指摘している。旦部自身のやり方を紹介すると、最初から最後まで「中火」に固定、手網を振る高さだけ変えて火力を調整しているという。三分ほど経って青臭い匂いが漂いだしたら、「水抜き」の段階に入ったというサインなので、火力をちょっとだけ上げ、水分を飛ばすペースを速くする。

「水抜き」こそが重要

ここで「水抜き」という言葉が出た。人によっては「蒸らし」という言い方をするものも

あるが、焙煎の初期段階における水分抜きの工程をこう表現している。機械焙煎であれば、ダンパー（排気弁）をやや閉じ気味にし、弱火～中火の火力で〝豆の足並み〟を揃えるというのがこの工程だ。この水抜きをうまくやらないと煎りムラが起きやすいという。

「水抜きと蒸らしは、どちらもほぼ同じタイミングで並行して進む現象なので、その段階を『水抜き』と呼ぶ人もいれば『蒸らし』と呼ぶ人もいます。生豆を加熱して温度が上がると当然、水分は蒸発する……これが『水抜き』。水の蒸発に熱エネルギーが奪われるので、先に水が抜けた豆ほど温度が上がりやすくなり、どんどん先に行こうとする。火力を絞ってそれを抑えないと煎りムラが増えます。一方、豆から抜けた水分が周りに留まると、湿度が上がって『蒸らし』状態になる。一五年くらい前に発売されて話題になった、家庭用のスチームオーブンと同じ原理で、水蒸気が温度の低い豆の表面で水に戻る際に熱を与える（凝縮伝熱）ので、足並みを揃える効果が高めです」（日部）

　その「蒸らし」を意識したものなのか、浅草かっぱ橋道具街の「ユニオン」などでも、アルミの板が取り付けられている手網がある。またアルミ箔でそれを代用し、「蒸らし」状態を作るべくあれこれ工夫している人もいる。一方、フライパン焙煎で最初から最後まで透明のフタをかぶせてしまい、「水抜き」をしている御仁《ごじん》もいる。この工程は、誰もがみな手探り状態らしく、ひときわ苦労しているようなのである。

　この手網をアルミ箔などで囲って「蒸らし」をするという手法、旦部はめったにやらないという。手綱を振り続けている最中に、アルミ箔をかぶせたり外したりするのがすこぶる不得手で、もたついてめんどうだと、やめてしまったそうだ。

勘違いしないでほしいのだが、旦部は水抜きを軽んじているわけではない。その反対で、水抜きこそが焙煎の成否を占う重要なカギ、とまで言っている。

「水分が残った状態で温度が上がると、ある種の化学反応が加速されます。〝加水分解〟と呼ばれる反応で、タンパク質の一部が分解されてアミノ酸が増えたり、糖類の一部が分解されるという現象が起きるんです。すると分解前の状態よりも反応性がよくなって、水抜き後に進行する、メイラード反応という別の化学反応を起こしやすくなります。焙煎特有の香ばしい香りや、チョコのようなコクを生み出すのに重要な反応です。また生豆では、一部の精油成分が、糖と結合した状態（配糖体）でも存在していますが、加水分解によって遊離します。つまり、適度な蒸らしには香りやコクを強める働きがあるんです」

ではなぜやめてしまったのかと踏み込むと、

「蒸らしによる効果は、良いことばかりではありません。コーヒーの場合は、苦味の素となるクロロゲン酸も加水分解され、キナ酸とカフェー酸という二つの酸が生じます。キナ酸にはキウイフルーツみたいな強い酸味があり、カフェー酸にも強い酸味と渋みがあります。そのため蒸らしすぎると、コーヒーらしい苦味が損なわれて、酸味と渋みが増強されてしまうんです。それに水抜きに失敗すると、いわゆる『芯残り』といって、生焙《なまや》けの状態になりま

蒸らしが香味成分に与える影響

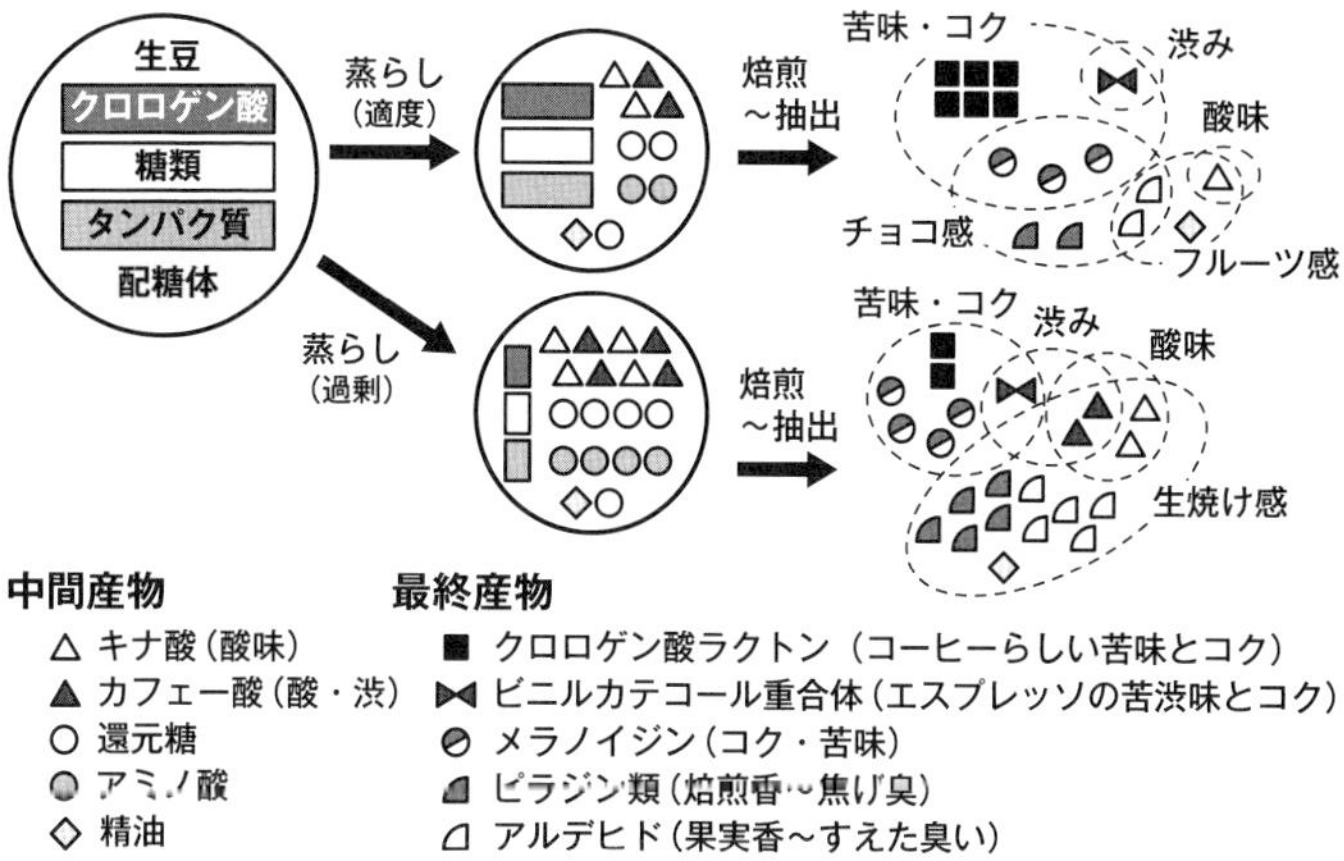

す。こうなると飲めたもんじゃありません。だったら香りやコクが物足りない程度のほうがましですからね（笑）」

この渋みと酸味は「浅煎り〜中煎り」の段階で強く出てしまうという。深煎りにすると多少ごまかしが利くが、コーヒーらしい円《まろ》やかな苦味が出ずに、尖《とが》ったようなきつい苦味が出てしまう。含《がん》水量の多い豆を焙く時は、とりわけ水抜きを弱い火力で丁寧に時間をかけて行わなくてはならない。それに手間取ると、やっかいな加水分解を招き、歓迎しかねる苦味が出てしまう。心しておくべきポイントの一つだろう。

「自分ではあまり手網で浅煎り〜中煎りはしないのですが、煎ったナッツのような軽い仕上がりには、特に水抜きを素早く。元から水の抜けやすい豆を蒸れないように焙くのがいいですね。ただ、浅煎りのスペシャルティで売りにするようなフルーティさを強調するには、若干蒸れ気味のほうがいいように思います。覆いなしで『蒸らし』の味を出したい場合に、わざとちょっとだけ『生焙け』に近づけてやる手もあります。たとえば火力強めで開始して、後のほうのペースを遅らせて帳尻合わせをする。覆いありに比べると安定させるのは難しいし、一〇〇パーセント同じにはならないのですが、それっぽく近づけることは可能です……といっても、私の腕前だと恥ずかしながら三回に一回成功すれば良いほうですが（笑）」（旦部）

自分好みの焙煎度

次に手近なところで、フライパンの焙煎について考えてみる。一口にフライパンや鉄鍋といってもパターンがたくさんある。中華鍋もあれば、底の平たいフライパンもあるだろう。それぞれの器具で事情は異なるが、手網と違うのは、直火が金属板で遮られていて、半熱風式と同じような状態での焙煎になる、ということだろうか。底の平らなフライパンを使う場合、気をつけなくてはいけないのは、底に接地している面だけが焙けて煎りムラが起きてしまうことだ。丸い形をしたピーベリーならコロコロと転がってくれそうだが、ラグビーボールを半分に割ったような形をしている通常のコーヒー豆は、いつでも均一に転がってはくれない。中華鍋の扱いに慣れている人であれば、強火でチャーハンを煽るように、まんべんなく火を通すことができるかもしれない。ただし、よほどの力持ちでないと無理だろう。

器具の大きさや材質などにもよるが、手網と比べると、器具自体の蓄熱が大きくなり、温度がブレにくくなる効果は期待できるという。別の見方をすると、フライパンを火からおろしてもすぐには冷めないので、知らぬ間に焙煎が進みやすくなる。また、火力を上げ下げしても、すぐに豆の周りの温度が変わるわけではない。となれば、手網焙煎に比べ、「少し先」をイメージしながら火力を調整したほうが、思いどおりの焙煎に近づけそうだ。

「熱の伝わり方に関しては、基本的に鉄板が熱せられ、①その鉄板と接する点からの伝導熱、②鉄板によって間接的に温まった周りの空気による対流熱ということができます。また構造上、風の動きは弱め。火力が強く、鉄板が過熱していて、さらに菜箸などでの攪拌が不十分だったりすると、①による焦げが生まれる可能性があります。実際は、木べらや菜箸で攪拌しますから、そうなることはめったにありませんが、一切振らずに鍋を置いておくだけ、という極端なことをやれば、当然のこと豆の表面は焦げてしまいます」（日部）

今回、「バッハ」のトレーニングセンターで撮影したのは、中華鍋の小型版ともいうべきボンチョルという鍋。田口護夫人である文子さんが愛用している鍋で、朝鮮半島由来のもの。ふつうの大きさの中華鍋やフライパンは手網のように自在には振れない。重いうえに、取り回しが難しく、自在に豆を煎るというイメージにはほど遠い。できれば小型の中華鍋が望ましい。

ボンチョルという名の鉄鍋は、重さが五〇〇グラムに満たない軽量級で、底が円くなっているので、いわゆる〝返し〟が容易で、豆にまんべんなく熱を通すことができる。豆は木べらか菜箸その他で攪拌すればいい。

「フライパンはどこの家庭にも置いてあります。一番身近な器具で、手網よりも入手しやすい。また手網同様、焙いている豆の状態をつぶさに観察できるという利点もある。ただ、手網のように軽々と振るわけにはゆかず、底の平らなものはフタをしないと豆が飛び散ってしまう。その点、小ぶりの中華鍋という感じのボンチョルは取り回しが楽なような気がします。鍋を振らずに木べらや菜箸で掻き回すというやり方も有効だと思います。この方法なら、鍋を固定するIHクッキングヒーターでも焙煎できそうですね。電熱器を使える唯一の焙煎法かもしれません」（日部）

さて今は昔、コーヒーの味は「抽出」で決まる、なんてのんきな時代があった。今、それを言ったら笑われてしまうが、ならば何が決め手になるのか。「焙煎度」である。改めて言うが、香味の違いが表れるのは焙煎度なのである。時々刻々と豆の色や香りの変化する手網やフライパン焙煎の段階で触れておきたいことが一つある。それは、

「自分好みの焙煎度を早く見つけなさい」

ということ。浅煎りから深煎りまで焙いてみて、焙煎度の違うものを飲み比べてみる。そして「これだ！」という自分好みの焙煎度を特定する。もっとも、豆によって適正焙煎度は異なるので、何がなんでも浅煎りがいい、深煎りがいい、ではちと困る。浅煎りが好きなら、

焙煎度

焙煎度の呼び方			焙煎度の呼び方	焙煎度の呼び方	焙煎の進行
1920~30年代 (Ukers)			1970年代~ (田口ほか)	2000年代~ (Davids)	
アメリカ		ヨーロッパ	日本	アメリカ	
ライト	(ボストン)	(イギリス)		シナモン (ライト)	1 ハゼ
シナモン					
ミディアム	(西部)		浅煎り (アメリカン)	シティ (ミディアム)	
ハイ			中煎り	フルシティ (ヴィデンナ)	2 ハゼ
シティ	(東部)		中深煎り	フレンチ (ダーク、エスプレッソ)	
フルシティ		ジャーマン (ドイツ)			
フレンチ		(フランス)	深煎り		油の滲出
イタリアン	(南部)	(イタリア) スカンジナビア(北欧)		イタリアン スパニッシュ	

呼び方は地域や時代によっても異なる。

浅煎り向きの豆、たとえば比較的低地で穫れ、成熟度の高いパナマとかドミニカといった豆を選べばいい。

逆に深煎り好みなら、高地産のハードビーンズであるケニアやグアテマラといった豆を探せばいい。適材適所という言葉があるが、コーヒー豆にも豆ごとの「適正焙煎度」というものがあるのだ。

旦部幸博著『コーヒーの科学』のコラムにも出ていたのだが、自分好みの焙煎度を見つけるというのは、自分好みのワインの味を見つける方法と似ているという。下戸《げこ》の旦部はそのことをワイン通からアドバイスされ、ワインを少しだけ嗜《たしな》むようになったという。その方法は自分好みの品種を見つけることだ。

下戸ではなく上戸《じょうご》である筆者はワインが大好きで、数年にわたった欧州の星付きレストラン取材で、自分好みの品種を見つけることの重要性を実感している。バブル景気の勢いも手伝って、(ひとの褌《ふんどし》だが)高級ワインを毎夜飽《あ》かずに空にした。赤に限ればボルドーの代表的品種カベルネ・ソーヴィニヨンはもちろんだが、メルローやピノ・ノワール、シラーとひと通り味わった。自分にはどの品種が一番合うのだろう? そのことは帰国後ほどなくして分かった。メルローである。

他の品種がきらいというわけではない。それぞれにおいしく飲めるのだが、ふだん飲みのワインはメルローが一番しっくりくる。というわけで、毎夜口にしている一〇〇〇円ワインはほとんどメルローである。買う時も銘柄より品種で選んでいる。コーヒーも同じで、自分好みは「中深煎り〜深煎り」のコーヒーと決めている。浅煎りファンには申しわけないが、筆者は「深煎り命」という操《みさお》を半世紀も前に立ててしまっているのだ。

「私も、いちばん飲むのは中深煎り〜深煎りですね。あの辺りが、いちばん『コーヒーらしいコーヒー』だと思うし、飲んでいて飽きが来ないので」とは日部の弁。

「それに手網でも失敗しにくいというか、生焼け芯残りのような大失敗にはなりにくいし、ハゼ音の変化が楽しくて、聞いてるうちについつい深めにしてしまう(笑)。とはいえ、浅煎りや中煎りを飲まないかというと、そんなことはありません。個人的には、とにかくいろ

んなものを飲んでみたいし、コーヒーにまつわることなら何でも知りたいのです」（日部）

ハゼとは何か？

さて手網やフライパンで焙煎していると、豆のハゼる音を数回聞くことができる。機械焙煎でも聞こえるのだが、手網やフライパンほど明瞭に聞こえるわけではない。初めて手網で焙煎した時、目の前で豆が「パチパチパチ」と威勢よくハゼた。これが「一ハゼ」である。そして数分後にやや音が抑えられている感じだが、「ピチピチピチ」とせわしくハゼた。「二ハゼ」である。このコーヒー豆がハゼる音を聞くというのは、自分にとって大きな驚きであったし、感動でもあった（ああ、これが一ハゼと二ハゼの音か……）。

焙煎指南書に書いてあるとおりのことが目の前で繰り広げられる。心が浮き立つ瞬間だ。豆のすべてがハゼるのかと思っていたら、どうやら違うらしい。一部の豆だけがハゼて、他の豆は〝音無しの構《かま》え〟らしいのだ。

「実際のところ、全部の豆が音を立ててハゼるのではなくて、音がしなくても豆の形を見るといつのまにかハゼている場合もあります。特に一ハゼではそういう豆が多い。音を立ててハゼるのはハゼやすい形をした一部の豆なんです。よくハゼる時に豆が膨らむ、と言う人がいますが、それは間違い。加熱によって豆の内部の隙間が拡大し、内圧が高まってくると、ハ豆が膨らみシワが伸びますが、それは一ハゼや二ハゼの少し手前から起きていることで、ハ

ゼと同時に膨らむわけではありません。そこはポップコーンと違うところです」（日部）

これは「バッハ」の田口から聞いた話だが、スペシャルティコーヒーと呼ばれる高品質のコーヒー生豆は、もともと少量生産で小ロット、豆のサイズや熟し具合、精製度が一定に揃っているので、ハゼる音がまとまってドッと来るのだという。コーヒー生豆は大きさや形、含水量など、個体ごとに違っている。ロットが同じなら、その違いは少ないだろうが、ロットが違うと個体差が激しく、焙煎中もその変化が一様ではない。〝パチパチパチパチ〟と時間差でハゼるのもその理屈だろう。

しかし、同じロットの粒揃いであるなら、ハゼも〝パチ〟と足並みを揃えてきそうだ。田口の「スペシャルティコーヒーはほぼ同時にハゼる」という報告は、だからとても興味深く面白いと思った。

田口は焙煎する前に生豆のハンドピックを行う。味にダメージを与える欠点豆を取り除き、粒を揃える工程だ。生豆の粒を揃え、均質にするという作業は殊の外《ことのほか》重要だ。生豆が均質であれば、煎りムラが少なくなり、同じくらいのタイミングで豆の芯に熱が通る。つまり、生豆の均質性が煎り豆の均質性に通ずるわけだ。スペシャルティコーヒーは均質性が高いといわれるが、だからといってハンドピックが不要というわけではない。丁寧で精度の高い焙煎をめざすのなら、ハンドピックをバカにしてはいけない。

欠点豆の種類／パーチメント、発酵豆、未成熟豆、貝殻豆、死豆、虫食い豆（左上から時計回りに）などさまざまある。

ダブル焙煎という技

もう一つバカにしてはいけないのが「ダブル焙煎」だ。文字どおりの〝二度煎り〟である。昔はこの二度煎りをバカにする風潮があった。一度で煎り上げればいいものを、わざわざ二度煎りして何の得があるのか、というわけだ。だいいち、香味が抜け、味が平板《へいばん》になってしまうではないか、というのが反対派の論旨だった。ダブル焙煎はまだ未熟な焙煎士のやる姑息《こそく》な焙煎法だ、とそれこそケチョンケチョンなのである。

ところが未熟どころか、プロ中のプロである焙煎業者がけっこうやっていた。昔は多くのロースターが取り入れていた焙煎技術の一つだったのである。実は名人と謳《うた》われた吉祥寺「もか」の標交紀も、焙煎事始めはこのダブル焙煎からだった。業者から仕入れた比較的浅煎りの豆を二度煎りし、焙煎の奥深さに目覚めたのだ。

焙煎愛好家の末席《まっせき》を汚している筆者も、実は二度煎り愛好家でもある。ふだんは生豆から煎っているのだが、生豆の在庫が払底《ふってい》している時は、スーパーで買ってきた浅煎り~中煎りの豆を手網で深煎りまで持ってゆくのである。いつ焙煎したのだか分からないような豆も、二度煎りで活き活きとした生気を取り戻す。二度煎りをむしろ肯定する「バッハ」の田口はこう言っている。

「ダブル焙煎の要諦《ようてい》は、一筋縄ではゆかない〝水抜き〟という難所をなんとか乗り越えてゆくための変則技と言っていい。含水量のバラつきがある場合、一回目の焙煎は豆がほんの少し緩む程度、豆の色が抜けてやや白っぽくなるまで煎る。煎った豆はいったん火からおろして冷却し、二回目は通常どおりの焙煎をすればいい。ダブル焙煎すると、香味が抜ける場合があるが、そうしたマイナス面を捨象して余りあるくらいのメリットもある。Dタイプの豆は含水率が高く、粒も大きいから煎りムラが起きやすいのだけれど、二度煎りすれば煎りムラがなくなり、豆の芯まで火が通る。もっと評価されて然《しか》るべき焙煎技術なんです」

田口の「システム珈琲学」はコーヒーをA~Dの4タイプに分類し、タイプ別に焙煎法を指導。そのDタイプのニュークロップは硬質豆で含水率が高いというだけではなく、豆も大きく厚みがある。こうした豆の水抜きをし、表面のシワを伸ばすというのは並大抵のことで

「システム珈琲学」４タイプと焙煎度の相関表

焙煎度＼タイプ	D	C	B	A
浅煎り	×	△	○	◎
中煎り	△	○	◎	○
中深煎り	○	◎	○	△
深煎り	◎	○	△	×

４タイプは生豆の色。白色Ａ、青色Ｂ、緑色Ｃ、濃緑色Ｄ。
水分量はＡが少なく、Ｄが多い。
出所：『田口護の珈琲大全』(NHK出版)

はない。で、慎重に焙煎しようとすると、予定以上に時間がかかり過ぎてしまう。ダブル焙煎という鬼手《きしゅ》は決して窮余《きゅうよ》の一策《いっさく》ではない。むしろ伝家《でんか》の宝刀と呼ぶべきで、これも味づくりの大事な技法の一つ、と田口は評価している。筆者もまったく同感である。

ところで、この項では〝水抜き〟という工程が意外とハードルが高い、という話をしてきたが、それだったら青々としたニュークロップは避け、パーストクロップ（前年度に穫れた豆）以前の、いくぶん枯れた豆を使ったらどうだ、という話にもなるだろう。〝コーヒー御三家〟の一つ、銀座の「カフェ・ド・ランブル」では、生豆を一〇年以上寝かせたオールドコーヒーを売り物にしている。そこまでやらなくても、比較的枯れた豆であれば、水抜きに苦労することはないように思う。

初心者向け生豆選び

生豆選びの話が出たついでに、初心者向けに賢い生豆選びについて考えてみた。焙煎初心者はまずどんな生豆をどこで買ったらいいのか。中級、上級者向きの豆とはどんな豆なのか。そのあたりから検討してみることにする。この問いかけに旦部は、

「基本的に〝失敗を楽しむ〟ことができる人なら、初心者であっても、いろんな豆にチャレンジしてほしいですね。ただ、最初から手探り状態というのでは、なかなか計《はか》がゆきませんので、とりあえず安定して手に入れやすいコモディティコーヒー（世界で一番流通しているコーヒー）の定番からチャレンジしてみたらどうでしょう。しょっぱなから農園名とか品種名が特定されたスペシャルティコーヒーではなく、国名で売られているごくふつうのコーヒー豆です」

と、いきなり最高ランクの豆を焙煎するのではなく、ごくふつうに流通している豆を選べと言っている。コモディティコーヒーというのは商品先物取引市場で扱われているコーヒー豆のことで、スペシャルティコーヒーのように農園とか生産者に関係なく、同じ銘柄はまとめて取引されている。

で、繰り返しにもなるのだが、ギンギンのニュークロップではなく、パーストクロップ以前の枯れ豆が望ましいと旦部は言う。いくぶん枯れた豆であれば水抜きも比較的容易だろうし、それらを深煎りにすれば、いわゆる〝昔ながらの自家焙煎店〟っぽいコーヒーになるだろう、というわけだ。旦部のお勧めコースは、比較的廉価なブラジルあたりから入って、タンザニアやマンデリンなどへ進んでゆくコース。まさに定番といえるコースだ。

それと、これは表現するのがやや難しいのだけれど、焙いて〝素直な豆〟というのがあって、その種の豆からスタートを切れば自信がつくだろう、と旦部は言う。人間にも素直な人がいれば、そうでない人もいる。曲者《くせもの》のほうが付き合ってみると面白い、というのがあるから、コーヒー豆にもそれは言えるかもしれない。

「よく『バッハ』の田口さんが〝カリブ海系とか中米系の豆は煎りやすい〟と言ってますが、どっちかというとAタイプの豆（低地～中高地産のもので、含水量が少なく、豆の表面に凹凸がない。火の通りがよく十分に膨らんでくれる）がそれに当たりますね。あとパナマとかキューバ、ホンジュラスといった、ややマイナーな国の豆が意外と焙きやすい印象です。ペルーやニューギニアなんかも比較的焙きやすい豆といえますね。で、これらの豆で自信をつけ、さらに難しい豆へとステップアップしてゆけばいい」（旦部）

一方、Dタイプの豆（高地産の豆で、含水量が多く、硬くて肉厚。豆の表面に凹凸があり、多く濃緑色を呈している）は、素直に焙けてはくれない。こういう難物の豆は弱い火力で、一ハゼまでの〝水抜き〟を時間をかけて行う、というのはすでに述べたとおり。あるいはダブル焙煎という変則技をかけて、あり余る〝性《しょう》〟を抜いてやる、という手もある、とは前述した。旦部もグアテマラとかコロンビアといった豆は〝曲者〟で、酸味が強く豆が硬い、水分量も多いから初心者には難敵だろうと警告している。しかし、グアテマラはおいしいコーヒーの筆頭に数えられる豆の一つ。うまく煎り上げたら、大きな自信につながるだろう。

では、スペシャルティコーヒーを焙煎するとなるとどうか。初心者には勧められない、とはいったが、焙く焙かないは個人の自由。今はかなりポピュラーになっているから、難物扱いして遠ざける、というのもムリがあろう。

「スペシャルティコーヒーの生豆は緑色の強いニュークロップが多く、水分が多くて硬く締まっている。よって火の通りが悪く、焙煎は難しいといわれています。つまり元々、中〜上級者向きの豆が多いのです。特に、日本では殊の外有名になってしまった〝ゲイシャ〟は難物とされています。柑橘《かんきつ》系やフローラルな香りに特徴のあるものは、いったいどこで煎り止めたらその香りが出るのか、その見極めというかタイミングを計るのが難しく、上級者向きの豆といわれています。一方、エチオピアのシダモやイルガチェフもやや難しめかしら。ただし、こちらは深煎りにしても比較的酸や香りが残る。その試行錯誤が楽しく、中級者向きかもしれません」（旦部）

旦部は別にイエメン・モカもチャレンジしてほしい豆の一つだという。どんなチャレンジかというと、欠点豆の除去というチャレンジだ。銀座「ランブル」の関口一郎は、生前よくこぼしていた。「モカは欠点豆がやけに多くて、私はほぼ半分は捨ててしまいます」と。それなりに高価な豆なのだが、約半分捨てられるとなると、つい「もったいない」と思ってしまう。ハンドピックをすれば、そのことがよく分かるから、モカにはぜひとも挑戦してほしい、と旦部は説く。

この豆はこの焙煎度で焙け

スペシャルティコーヒーの焙煎は難しい、という話をした。某焙煎名人はこんなふうに言っている。スペシャルティコーヒーはピンポイントで煎り止めないと、ただの凡庸《ぼんよう》な豆に成り下がってしまう、と。そうはいっても、よい面もたくさんある。欠点豆の混入が少なく、粒が揃っているというだけでも、初心者にはありがたい。なかでも中米産のものなら、比較的焙煎はしやすいといわれている。では凡庸な豆にしないための指針はあるのか。この豆はこの焙煎度で焙け、といった指針はあるのだろうか。

「参考になるのはカッパー（鑑定士）や業者がそのコーヒーの香味をどう表現しているか。焙煎度によって、それぞれ出やすい香味表現のパターンがあるので、そこから逆に読み解くと、どのような持ち味のあるタイプの豆なのか推定できる。たとえば柑橘系の香りとか、スッキリした酸味、あと全体的に明るい印象の表現が目立つものは浅煎り向き。ナッツのよう

コーヒー豆の構造

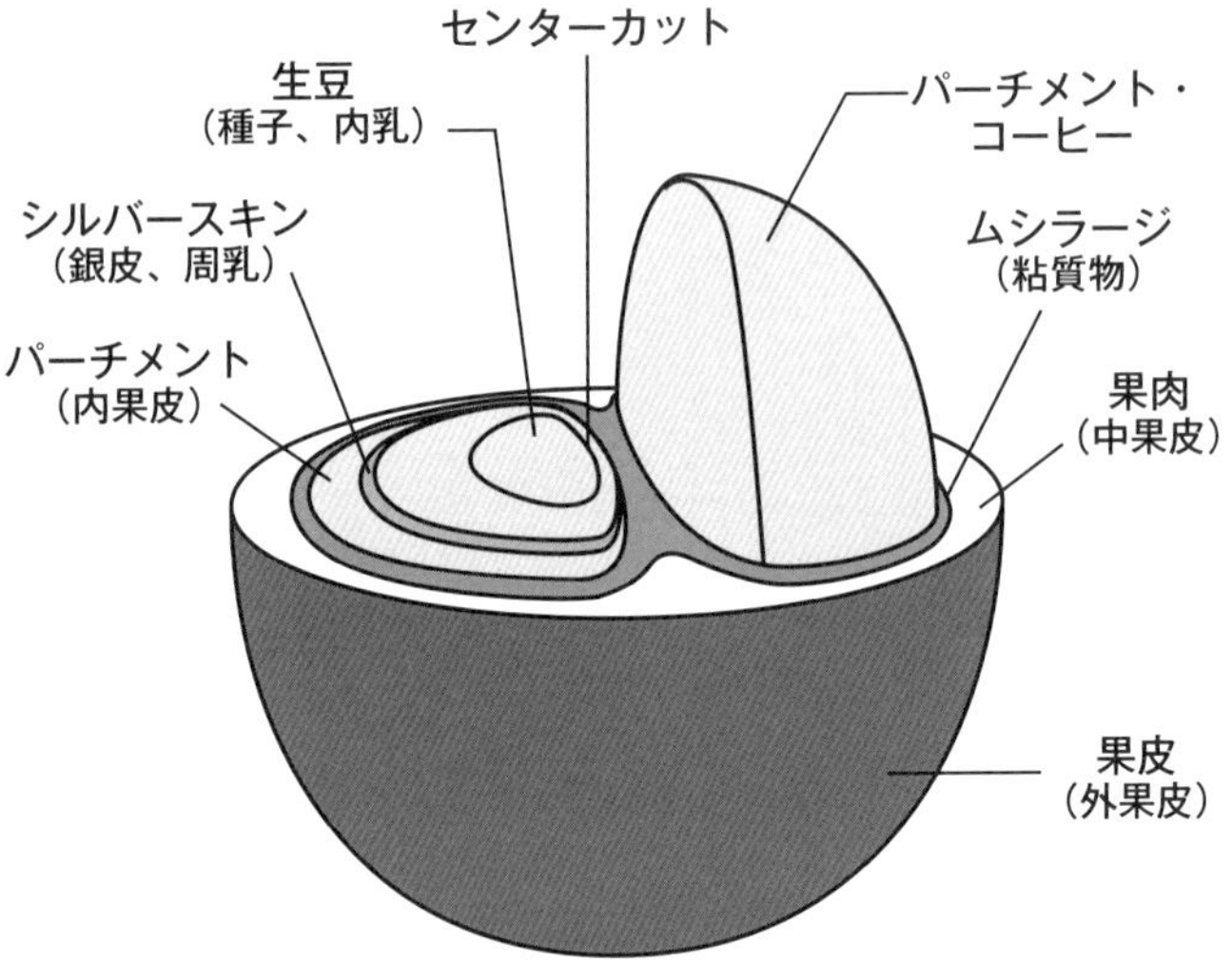

な香ばしさやハチミツなどの表現は、やや浅めの中煎りといった具合でしょうか。チョコレートの風味といった表現になると、やはり深煎り向きでしょうかね」（日部）

　最近のスペシャルティコーヒーの傾向として、生産地での精製法で、意図的に発酵させる手法がしばしば見られるようになった。いわゆる「パルプトナチュラル」と呼ばれる手法だ。果肉を除去したあとのパーチメント（内《ない》果《か》皮《ひ》）の表面にはヌルヌルした粘着物質が残っている。ムシラージ（ミューシレージ）と呼ばれるものだが、このヌルヌルをどの程度除去し、どの程度残すかによって、コーヒーの味に微妙なニュアンスの違いが出てくる。日本では「ハニー仕立て」とか「ハニー精製」などと呼ばれているが、要は生産者側がコーヒーの付加

コーヒーの精製法

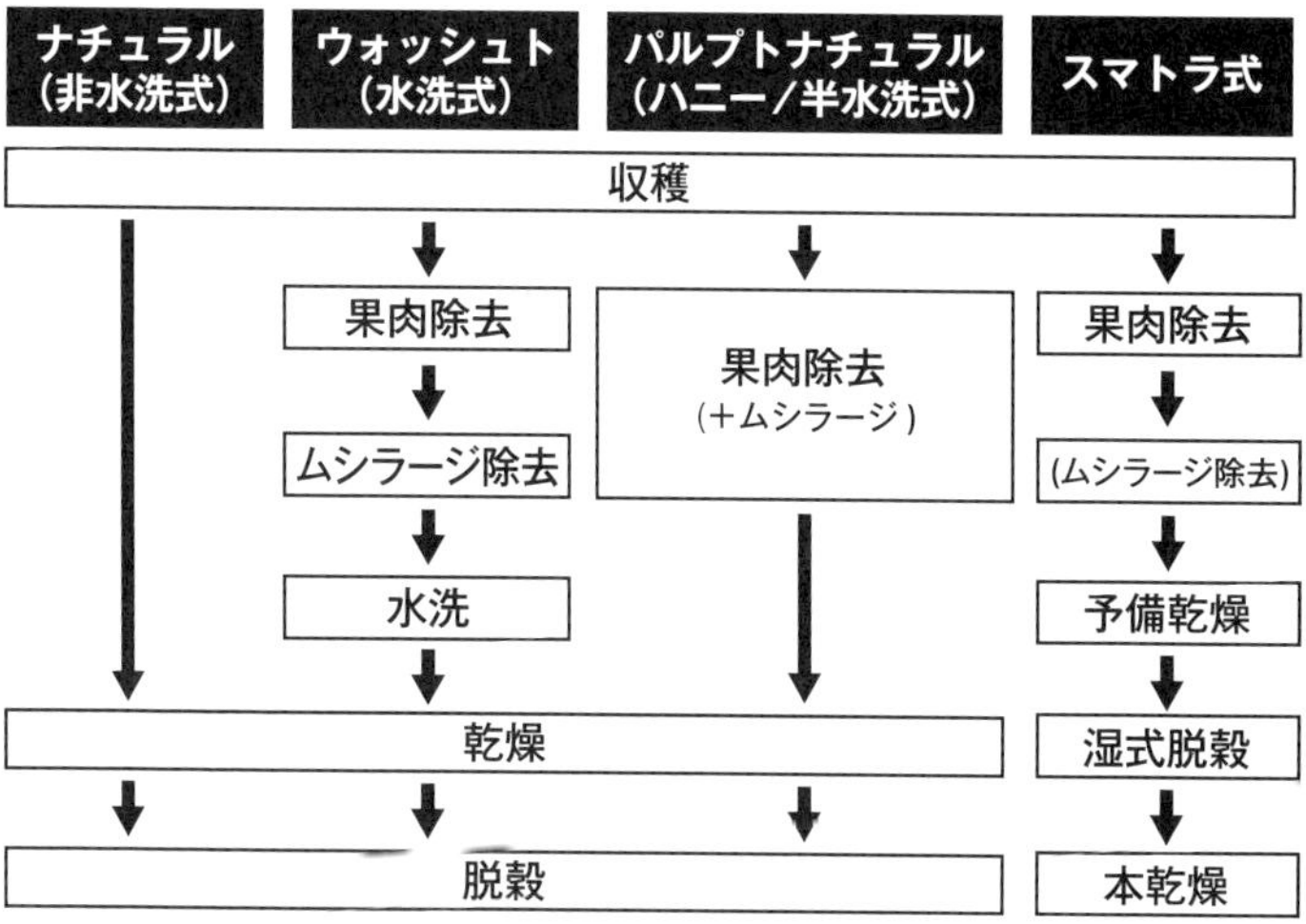

価値を高めるため、あるいはコマーシャリズム的な理由からさまざまな工夫をしているのである。

「ハニーがあれば、嫌気《けんき》的な菌によるアネロビック（アナエロビック）という発酵法もある。あるいは果汁に漬け込んで発酵させるマセラシオンという手法もある。しかしですね、微生物学者の立場から言うと、それほどきっちり考えて定義されているものではなく、好き勝手な名前をつけたものが乱立してて、やり過ぎに見えるのが現状ですね（笑）」（旦部）

特殊な豆はともかく、生豆はネット通販で大概のものは手に入る。なかにはとんだ食わせ物、といった豆を売っているサイトがあるやもしれぬが、やはり信頼できそうな通販先かどうか見極めが必要だろう。S

NSの口コミ情報などでもそれなりの有益情報は得られると思うが、旦部はこんな注意点を挙げている。

①コモディティコーヒーとスペシャルティコーヒーの両方を取り扱っている
②それぞれの商品について分かりやすく説明している
③独自サイトの場合、長く続いているサイトかどうか

こうした点を判断材料にすればまず間違いないだろう、と旦部は言う。

つけられた値段が正当なものかどうかは、数カ所の通販サイトを比較すれば、「この豆はだいたいこの値段が相場かな」ということが分かってくる。高過ぎるところはもちろん、安過ぎるところもなんとなく胡散《うさん》臭い感じがするので注意が必要だ。

香りを閉じ込めたほうがおいしくなる

さて、手網、フライパンと続いたら、三番手は手廻しロースターだろう。名人・大坊勝次が禅僧のような風情《ふぜい》で飽かずにハンドルを握っていたのが、この手廻しロースターである。

一口に手廻しといっても、ドラムがノーマルタイプのものとパンチングメタルになったものがあるので、まとめて語ろうとすると、手網やフライパンとの違いは「釜にあたる部分が平板状か、円筒形みたいになっていて廻せるか」（旦部）くらいしか言えなくなってしまう。

うまく整理しないと、科学的な見地から長所や短所、効能は何ぞやと問われても返答に窮す

るのである。先述した吉田富三の言葉にあるように、〃いかなる条件の下に、いかなる範囲で正しいか〃という視点で見ないと、それこそ科学もへちまもないのだ。

「そうですね、大坊さんが使っている手廻し焙煎機では〜という感じで考えてゆく必要があるわけで、そのあたりは手網やフライパンでの話の延長線上でしかない。大坊さんの焙煎を例にとると、焙煎機自体の蓄熱が大きく、攪拌にブレが生じにくい。だから安定しているのですが、裏を返せば、温度を上げ下げしたい時に即応性が低いという弱点にもなる。それを弱点ではなく、器具の個性や特性として理解して扱うことが大事なのでしょう。あと、操作性においては、ハンドルを廻すほうが手網を振るより楽だし、熱源からの距離が一定なことも、ブレの少なさ、安定性につながっているでしょうね」

と言いつつ、旦部は「伝熱」についても言及する。伝熱というのはガス火や電熱器などの熱源から、コーヒー豆に熱エネルギーを伝える仕組みをいう。

たとえば手網焙煎だが、ガスコンロの炎から上昇する熱風による「対流熱」、熱せられたコンロの五徳からの「輻射熱《ふくしゃ》」、金網との接触面からは「伝導熱」、ガスの燃焼によって生じた水蒸気による「凝縮熱」など、いろいろな伝熱様式で豆に熱が伝わるのだという。

さて、旦部曰く、いわゆる「手廻し型」で見られる焙煎方法を極端な方向へ進めてゆくと、一九世紀のフランスで流行《はや》ったという「ボール型焙煎器」に行き着くのだという。これは密閉された金属球の中に生豆を入れて焙煎するという器具で、

「熱風による対流熱中心の加熱ではなく、排気を逃さずに焙煎するという考え方」（日部）らしい。筆者の取材経験からすると、煙の逃げ場がなく、金属製ボールの中に煙やら薄皮が充満すると、豆に燻《いぶ》り臭《しゅう》がついてしまうのでは、と心配になるのだが、実際にその器具で実験したものに言わせると、

《〃ウーン、うまい。いけますネ〃まろやかな苦味、上品な酸味、かなり甘味を感じるのは粗塩のききめか。心配したいぶり臭さも、全然気にならない》（雑誌『blend』より）

ということらしい。一九世紀のフランスで大のコーヒー通といえば、文豪バルザック。一日に五〇杯以上の深煎りコーヒーを飲んでいたとされている。このバルザックはコーヒーに塩を入れていた。だからこの実験でも、バルザックに倣《なら》って粗塩をひとつまみ入れたのである。

冒頭で紹介したエチオピアのコーヒーセレモニーでは、客人に三杯のコーヒーがふるまわれることになっている。一杯目は砂糖入り、二杯目は塩入り、三杯目はバターかカルダモンなどの香辛料が入るという。

「コーヒーに塩を入れるの？」

少しばかり抵抗を感じそうだが、実際に入れてみると、華やかな香りがさらに引き立ち、うっすら甘味も感じられるという。

ボール型の焙煎器に話を戻すが、

《フランス料理史の専門家である山内秀文先生（辻静雄料理教育研究所所長）によれば、当時フランスでは料理全般に「香りを逃さず閉じ込めた方がおいしくなる」という考え方があったそうで、焙煎時はもちろん、抽出時にも「蓋」をするポットなどが開発されていたとのこと》（『コーヒーの科学』より）

焙煎時に適正な排気をしないと、生焙けや燻り臭のもとになる、とはコーヒー業界でよく聞かされてきたセリフ。この一九世紀のボール型焙煎器は、まさにその危惧《きぐ》される形状そのものなのだが、結果は予想に反し、上手に煎り上がった。旦部はこう言う。

「こうした極端な焙煎は今ではほとんど行われていないが、焙煎における排気というものの影響は、本当のところどうなのか。排気無しでもけっこういけるケースがあるんじゃないのか。実験し検証する必要はありますね」

たしかにそれは言える。筆者は常々ふしぎに思っていた。大坊勝次の愛機は、強制排気機能がない手廻しロースターである。煙の逃げ場が限られたあのような焙煎機で豆を煎ったら、豆に燻り臭がつくに決まっている、と思い込んでいたのだが、実際は違った。筆者と同じように考えていた名人たちはたくさんいる。しかし、結果的には燻り臭どころか、甘やかな香りのするすばらしいコーヒーになる。

「香り成分の化学変化で考えると、確かに理論上は可能です。深煎りからさらに煎り進めてゆく時にバニリンやエチルグアイアコール……ウイスキーやブランデーの樽香《たるこう》と共通する甘い香りの成分ですが、これらがさらに分解して燻り臭のあるフェノール類に変化する。だから最後の最後で火力を絞って温度上昇を食い止め、その手前でとどめてやればいい。でも実際は、この段階になると豆内部で燃焼が進んで勝手に温度が上がってしまうので、コントロールが難しいのです」（日部）

二〇〇〇年も前のフランスで愛用されていたボール型焙煎機もひょっとしたら同じ理屈であり、結果ではないのか。二一世紀になっても分からないことはたくさんある。

〝優劣〟ではなく〝得手不得手〟

ところで、すでに何度か出てきたことだが、焙煎機には大きく「直火式」「半熱風式」「熱風式」という違いがある。この違いについて少しく考えてみたい。簡単に説明するとこうなる。

焙煎機の本体の中には「ドラム」と呼ばれる金属製の円筒がある。このドラムに生豆を入れて回転・攪拌させながら熱を加えてゆくわけだが、ドラムの真下にガスバーナーがあり、ドラムを直接加熱する。このドラムが網目状になっているのが直火式、パンチングメタルではなくふつうの鉄板で、誘導板を設けドラム後部より熱風を引き込むのが半熱風式だ。で、熱風式は燃焼室がドラムから離れた場所にあり、そこから熱風を送り込むタイプといえる。

「このタイプ分けを個人用の焙煎器具に当てはめてみると、手網焙煎に使う金網がお分かりのように直火式、フライパンが半熱風式に似たタイプといえます。そして手廻しと小型焙煎機には直火式と半熱風式があります。面白いことに、海外のコーヒーファンの間では、家庭用のポップコーンメーカーを使って焙煎する人がけっこういます。これは完全な熱風式（流動床式）ですね。スイッチを入れると、電気ヒーターで熱せられた熱風が渦を巻き、生のコーンを攪拌しながら加熱するという方式です。煎りムラが大きめなことと、途中で過熱気味になって深煎りが難しいのに目をつぶれば、コーヒーも焙煎できます。また、これと同じ原

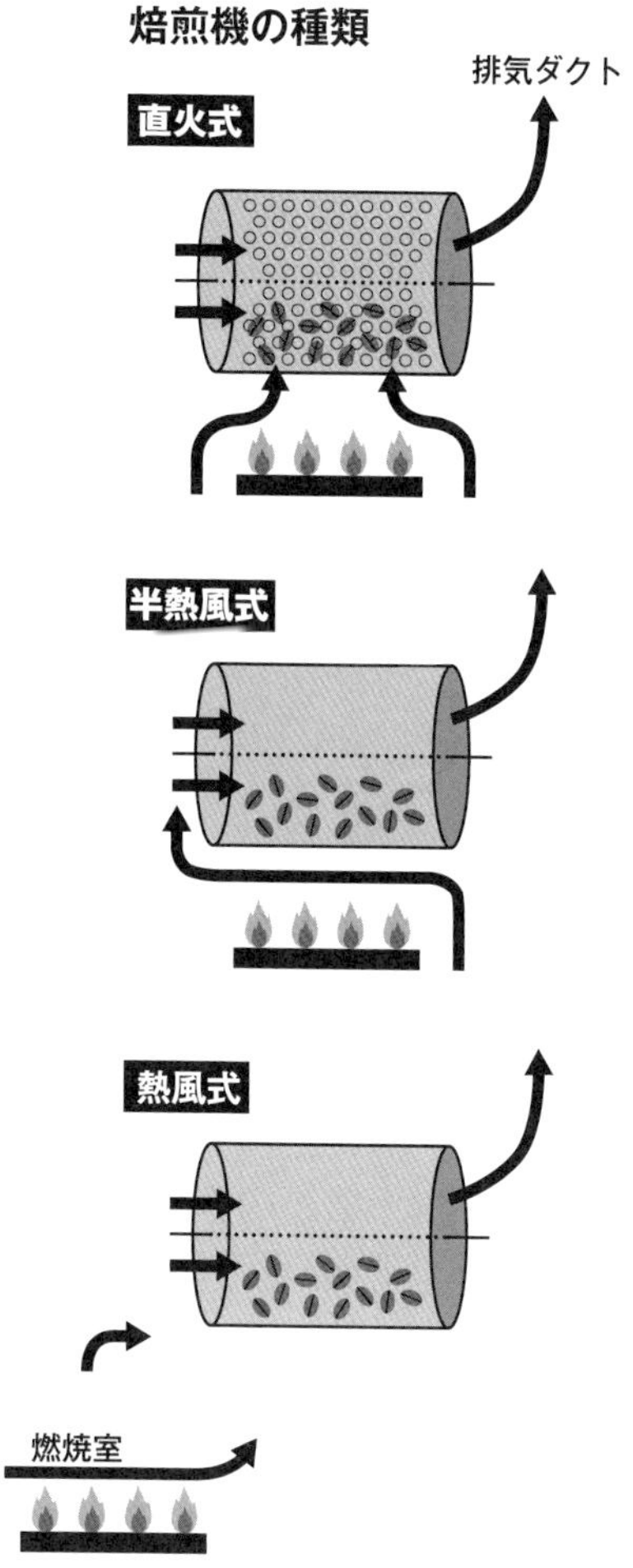

理でコーヒー専用の個人向け小型焙煎機も海外では売られています。ポップコーンメーカーとは違って、あらかじめ細かく設定された温度プロファイルで焙煎できるので、仕上がりもなかなか綺麗です。昔は日本にもいろいろ輸入されていたのですが、電源周りの規格に変更が加わった関係で、今は減っているようです」（日部）

ポップコーンメーカーみたいな焙煎機が日本でも売られれば、筆者もつい手を伸ばしてしまいそうだ。何より簡便《かんべん》だし、見ていても楽しいだろう。煎り具合がどんな感じになるのか、詳しいことは分からないが、コーヒー焙煎というものが一部の人たちの特別な行為ではなく、ごく当たり前のものになるには、やはり、ややこしい理屈を排した簡便そのものの器具が求められるのだと思う。

そういえば、ポップコーンメーカーみたいな焙煎機が日本にもあった。パナソニックが開発した「The Roast」という電動式焙煎機だ。定期頒布契約を結ぶと毎月世界各地のスペシャルティコーヒーの生豆が送られてきて、その生豆にふさわしい焙煎プロファイルもセットで付いてくる。プロファイルを作成したのは福岡は「豆香洞《とうかどう》コーヒー」の後藤直紀《なおき》だ。後藤は「カフェ・バッハ」で三年間修業したのち独立。二〇一三年、フランスはニースで開かれた「世界コーヒー焙煎大会」でみごと優勝。世界一の焙煎士の称号を得た。その後藤の焙煎プロファイルをQRコードで読み取り、生豆を投入してスイッチを入れるだけで焙煎が開始される。煎り上がった豆は理屈から言うと超一流の味ということになる。

この焙煎機は熱風式で、一回の焙煎量は五〇グラム。一〇〇ボルトの電源があれば、どこでも気軽に焙煎できる。煎り上がった豆を飲んだのだが、クリアーな味で雑味はなし。筆者の好きな深煎り的なコクもあり、満足できる出来だった。一杯当たりに換算すると約一〇〇円の計算になるか。一〇〇円で世界チャンピオンの味が楽しめると思えば、安いものだろう。もちろん、自分好みの味づくりもできるからご安心を。

ついでに「ガス抜き」の話を少し。蕎麦《そば》なら〝打ちたて〟は旨いだろうが、コーヒーの場合の〝煎りたて〟は避けたほうがいい。旦部もよく言っている。「煎りたてのコーヒーは安定感がなく、味も薄い。煎ったばかりのコーヒー豆は大量の炭酸ガスを発生させるので、このガスを抜く期間が必要なんです」と。旦部に言わせると、焙煎後二〜三日すれば味が落ち着くという。

この「The Roast」は完全熱風式で、構造的にはポップコーンメーカーと同じ理屈らしい。筆者は昔から直火式で焙いたコーヒーのファンで、熱風式に偏見を持っていたのだが、このマシンはその偏見をみごと覆《くつがえ》してくれた。しかし旦部は、「何式はこうだ」ということ自体に批判的で、筆者も旦部の前では冷汗三斗《れいかんさんと》の思いで縮《ちぢ》こまっている。

「〝何式のほうがいい・悪い〟と説明する人はプロ・アマ問わず多いですね。でも私はそのことを疑わしく思っています。繰り返しになりますが、どんな焙煎法であっても、極めれば望む結果に近づく方法はあるはずです。つまり、器具ごとにある程度の得手不得手はあったとしても、それが決定的な〝優劣〟になるわけではない。私はそう考えています」

たしかにそう。以前は「熱風がいい」「いや、コクを出すには直火に限るよ」などという議論がやたらかまびすしかった。筆者もまさにその片割れで、「何式」の違いが焙煎機の優劣を決めるかのように議論していたのである。旦部は「そんなに熱くなりなさんな」とばかり、それぞれの〝持ち味〟あるいは〝得手不得手〟として考えるべきでは、とさらりと受け流す。筆者もここで改めて宗旨替《しゅうしが》えすることにした。もう「何式がいい」とは言いません。

さて旦部に言わせると、構造が変われば熱の伝わり方（伝熱）全体に占める各要素（伝導熱、輻射熱、対流熱）の割合も変わってくる。で、結果的に、

「直火式は豆の表面が局所的に高温にさらされる頻度が高くなります。これに対して、完全熱風式の場合は、理論上から言えば、熱風の温度以上の熱にはさらされないという理屈になる。半熱風式はその中間でしょうか。ただし、効率という面では、大量の熱風を送り込む流動床式（＝完全熱風式）のほうが高効率で、最も短時間での焙煎が可能になります」

と旦部先生。いろいろややこしい話が出てきたが、「コーヒー焙煎」を科学的な側面から見るとこんな感じなのである。参考になれば幸いである。

HOME
COFFEE
ROASTING
column

焚火焙煎

〝古代人〟のコーヒー

手網焙煎にもいろいろあるが、手網の焚火《たきび》焙煎というのは珍しい。それも山中に分け入って、山桜やコナラの枝を拾い集め、その枝を燃やして熱源にするのである。点火もマッチやライターといった文明の利器は使わない。「古代発火法キリモミ式」という、まさに古代人がやっていたような方法で火を熾《おこ》すのだ。この発火法を〝火切り（ヒキリ）〟というそうだが、要は枯れたヒノキなどの木口に棒（火切り杵《きね》）を宛《あ》てがい、激しく擂《す》り揉《も》んで火を熾す。この原始的な手網焙煎をしている男は、すでに一〇年もこうやって焙煎し続けている。酔狂《すいきょう》といえばこれほど酔狂な男はいないが、本人は至って大マジメにやっているので、こういう愛すべき変物《へんぶつ》もいるのですよ、と紹介したくて筆を執った。

この〝古代人〟は広島市出身の川之上哲也。現在は神奈川県相模原市に住む五二歳だ。

中学生の頃からあちこちで野宿していたという筋金入りのアウトドア派。一緒に山中で焙煎するという奥方も同じ趣味の似た者同士である。コーヒーに興味を持ちだしたのは約二〇年前で、自家焙煎の名店を経巡った後、一〇年ほど前から自ら手網で焙煎するようになったという。最初はキャンプ場で灯油ストーブを熱源に焙煎していたのだが、いつしか枯れ枝を熱源にした焚火焙煎に移行、ご苦労なことに、火までキリモミ式で熾すようになった。

「焚火を見ていると仕事のことも、いやなことも忘れ、無心になれるんです。それと原始的なモノやコトに憧《あこが》れるところがあって、手網も自作だし、火を熾す火切り杵も火切り板も、発火を助ける火口《ほぐち》も、みんな手作りです。火口にはいろいろあって、麻ヒモをほぐしたものもあれば、杉の甘皮の繊維をほどいて揉んだものもあります。最初の頃は火を熾すのが大変で、血豆を作りながらも練習に励みました（笑）」（川之上）

聞けば、子供の頃から原始的な生活に憧れていて〝めんどくさいこと〟が大好きなのだという。めんどうといえば、『桃太郎』の童話ではないが、山に柴刈りに行って雑木を採ってきても、生木のままでは薪にならない。焚火の燃料にするには乾燥させる必要がある。

「雑木を採ってきて家で乾燥させる。その雑木もボソッとしたコナラの木なんかがいい

コラム　焚火焙煎

（写真提供／川之上哲也）

（写真提供／川之上哲也）

ですね。火力は弱いですが、火つきがいいし長持ちする。手網焙煎向きなんです。ボクにとってはこうしたムダと思える時間がほんとうに楽しいんです」（川之上）

二八秒で発火

まさに古代人が現代に迷い込んだような川之上だが、本業は光学ガラス関連の仕事で、焚火焙煎はあくまで趣味の領域だという。が、その凝りようは尋常《じんじょう》ではない。川之上から聞いて初めて知ったのだが、キリモミ式で火を熾すという原始的な発火法には、「古代発火法検定キリモミ式」という検定試験があるそうで、川之上は検定一級を持っている。四級（三分以内に発火させる）からスタートして、二〇一八年にみごと一級を取得した。一級の条件は四五秒以内に炎にしなくてはならないのだが、彼は二八秒で発火させた。

さて焙煎法だが、川之上は水切りザルを上下に合わせた手網を使い、焙煎前に軽く水洗いする。そして一ハゼ過ぎまでアルミ箔でフタをしてしまう。最初はフタをせずに煎ったのだが、味が薄っぺらでコクも感じられなかったので、フタをすることにしたのだ。水洗いはこの〝蒸らし〟の段階で水蒸気を発生させ、豆をより膨らませるためのものだ。一ハゼは七〜九分台に、二ハゼでおろすまでトータルで一三分ほどかかる。アルミ箔は一ハゼ終了後に外し、火からおろすタイミングを計る。

川之上夫妻が好きなのはエチオピア・モカ・シダモG1という豆。今は多くをインポーターのワタルから五キロ単位で仕入れている。直径一六センチの網に生豆を一二五グラム投入、煎り上がりは一〇〇グラム強だ。一〜二週間ごとに六〜七バッチ（回）ほど焙煎する。好みは中深煎りだが、それほどこだわりはないという。この豆はこの焙煎度がふさわしい、といった決まりごとに縛られるのがいやなのだ。川之上は生まれついての奔放《ほんぽう》な野生児なのである。

3

実践

手廻しロースター

サンプルロースターの実力

手廻しロースターといってもさまざまで、ドラムがステンレスの板で完全に覆われているものもあれば、ドラム全体がパンチングメタルの円筒形になっているものもある。今回はユニオン製のノーマルタイプの手廻しを持ち込んで焙煎してみた。生豆はブラジル・ナチュラルを三〇〇グラム。コンロは三〇〇〇キロカロリーのカセットコンロを使用、火力は「やや強」にした。

そもそも手廻しは生豆のサンプル用に焙煎する器具で、通常はサンプルロースターと呼ばれている。ところが南青山の「大坊珈琲店」はそのサンプルロースターで焙いた珠玉のコーヒーで一躍有名になってしまった。サンプル用だから、などとバカにできないのである。この手廻しロースター、コロナ禍による巣ごもり需要に合致したのか、売れ行きも順調で、ネット上には大坊勝次の実践動画だけでなく、焙煎愛好家たちのさまざまな動画があふれている。なかには「焙煎タイマー」などというアプリまで開発されていて、素人でも入門しやすい環境が整っている。

今回はブラジルの生豆を三〇〇グラムにしたが、煎りやすい豆なら他にいくらでもある。

1／じょうごを使って適量の生豆をドラムに投入する。ガスコンロの火は「やや強」に設定。　**2**／手廻しロースターのドラムの中には羽が付いており、廻すと豆が攪拌されるしくみになっている。手廻しのスピードは1分間に30～40回転（メーカー推奨）くらい。それほど神経質にならなくてもいい。　**3**／10分を過ぎると生豆が色づきはじめる。テストスプーンで色を確認すると、スプーンに水滴が付き、水が抜けているのが分かる。

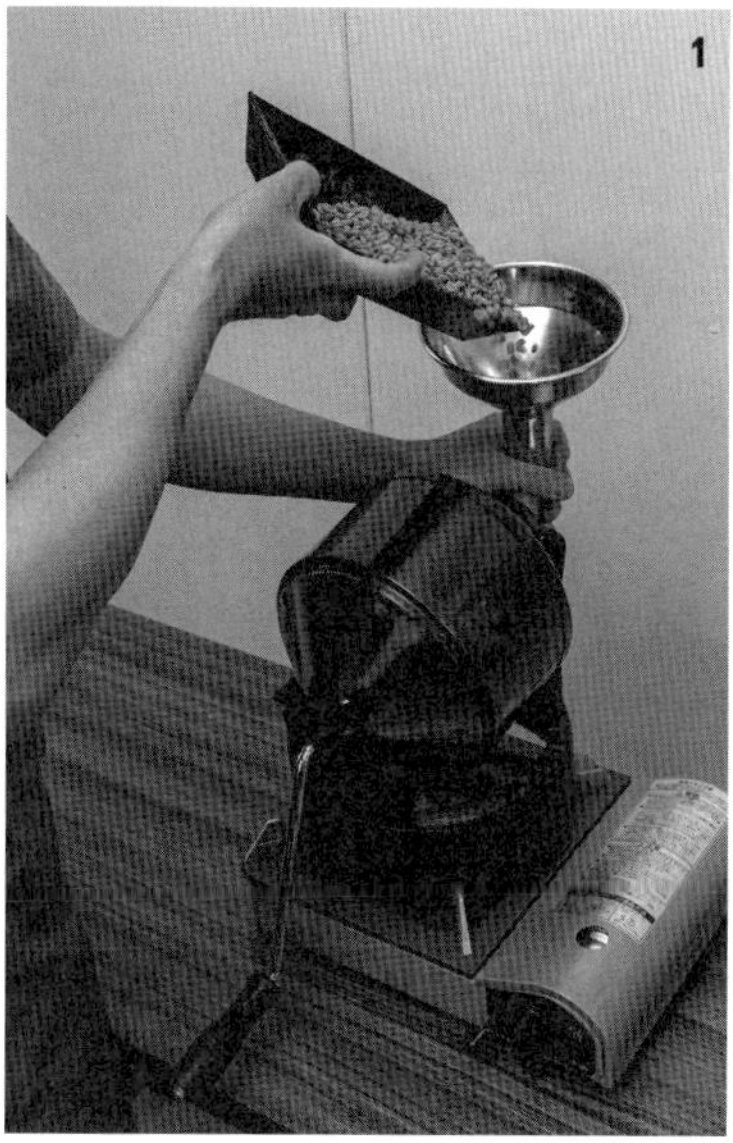

1

3

2

カリブ海系の比較的熟成度の高い豆が煎りやすいとは先述したが、ピーベリーも煎りやすい豆の一つだろう。ピーベリーとは種子が一つしかない豆で、丸豆という。ふつうは種子が二つあって、フラットビーン（平豆）と呼ばれている。丸豆は稀少な豆で、コーヒー豆の三〜五パーセントしか穫れない。しかし丸い豆だから煎りムラが起きず、おまけにおいしいと評判だ。

「蒸らし」の理屈

手廻しの焙煎だが、ハンドルを廻す速度はメーカーの説明書には一分間に三〇〜四〇回転が理想的、と書いてある。しかしこれもケースバイケースで、一秒間に一回転という人もいるし、毎秒二・五回転がいいという人もいる。直火式はゆっくり廻せばその分だけ火が入るので、よりシビアになる。また火力も一定にする、という人もあれば、大坊みたいに「全開→五〇パーセント→四〇パーセント→二〇パーセント」と絶えず調整し、最後の五分間は弱火にして頻繁に色見をする、という人もいる。どれが正しいかではなく、どのようなコーヒーをめざしているかによるのだろう。

さて、焙煎は環境の影響を大きく受ける。温度や湿度、風といったものも大きい。経験的にいうと、ブラジルの場合、一ハゼまでは一五分くらい、二ハゼまで一八分ほどかかる。メーカーの解説書には五〜六分かけて〝水抜き〟をやりましょうとある。生豆が全体にキツネ

4／その後、「パチパチ」という1ハゼがはじまり、豆も膨らんでだんだん色が濃くなってゆく。1ハゼのはじまりからおよそ3～4分後に今度は「ピチピチ」という2ハゼがはじまる。白煙も勢い濃くなってゆく。

色（濃い黄色）になったら、いわゆる水抜きができたとみていい。その後、煎り進めてゆくと、全体的に薄い茶色になってゆき、その茶色がだんだん濃くなってゆく。

水分が抜けてゆく段階ではまだ煙の出は少ない。ところで、煙の「色」だが、（A）最初は無色で、（B）その後、やや白っぽくなり、（C）さらには、やや青白く変化してゆく。だいたい一ハゼくらいまでの間が（B）で、二ハゼ手前くらいから（C）になる。

「白っぽい煙は実際は煙というより〝湯気〟つまり水蒸気ではなく、水蒸気が空気中で少し冷えて液体の細かな粒になったもの、といえますね。色が無色の段階からすでに水分は飛んでいて、水の抜け方や加熱によっては見えにくいこともよくあります」

と旦部幸博は分かりやすく説明する。

旦部の解説によると、（C）のやや青白く変化していったものが、いわゆる〝本当の煙（＝燃焼の時に生ずる小さな固体の粒子）〟なのだそうだ。こうした固体の粒子（煙）は（B）の段階にも少し混じってはいるが、二ハゼの直前あたりから盛んになる化学反応と歩調を合わせ、同じタイミングで増えてゆく。

さて一ハゼがきた。一ハゼは浅煎り（シナモンロースト）という段階で、豆の表面のシワを伸ばす段階、と心得ておいてほしい。「パチパチ」とハゼる音を響かせながら豆が膨らんでゆく。この段階ではまだ酸味が強く、これから徐々に苦味のステージへと移ってゆく。

ご覧のように手廻しにはダンパーなどという気の利いたものはない。手網やフライパンと同じく、排気調整などできない相談なので、例の〝蒸らし〟はどうしたらいいのか、という話になる。旦部の意見では「蒸らし無しでも焙煎はできます。要はどういう味をめざすのか、という問題なんです」ということになる。

「蒸らし」の理屈を改めて解説すると、「ダンパーを絞る＝排気が減る＝時間当たりに流入する熱風の体積が減る＝温度上昇がゆるやかになる」ということで、それはとりもなおさず、水分量などのバラつきがある生豆の足並みを揃えるという効果につながってゆく。つまり、ダンパーを絞ることなく火力を上げていってしまうと、火の通りやすい豆はどんどん煎り進

6

5

5／好みの焙煎度に達したら、コンロの火を止め、ドラムを持ち上げて投入口から豆を冷却網に取り出す。　**6**／取り出した豆は団扇やドライヤー等で素早く冷却する。

（技術指導／カフェ・バッハ 田口康一）

み、そうでない水分量の多い豆との開きが大きくなってしまう。蒸らし状態を作って豆の足並みを揃えるというのはそういうことなのだ。この「蒸らし」過程がめんどうと思うのなら、最初からバラつきのない、水分量やサイズの揃った生豆を使えばいい。少しばかり上等な生豆を仕入れれば、「蒸らし」の工程は容易になる。ただ、蒸らしには別の効用もあるらしい。「ダンパーを絞ることで、豆から蒸発する水分がすぐには排気されず、比較的温度の高い状態が長く維持されれば、成分の加水分解などによって酸味が増加したり、あるいはフルーツ系の香りが増える効果が期待できます。そんな香味をめざしたい場合は〝蒸らし〟が有効なのではないでしょうか」

と旦部は〝蒸らし〟のもう一つの効用を説く。

さて、いよいよ二ハゼがきた。豆も濃い茶色になり、シワもしっかり伸びている。二ハゼの始まった頃はシティローストの終わりで、すぐにフルシティ（中深煎り）になる。煙の出も激しくなり、煎り進むうちに青白い煙に変化してゆく。

ところで、「蒸らし＝水抜き」など要らない、と唱《とな》える人がいるが、旦部は一笑に付す。

「言葉の問題なんだろうけど『水抜きがない』というのはあり得ない話。そもそもふつうに焙煎してゆけば、水分は必ず抜けてゆく。どんな焙煎をしようが、必ず通過する現象なんです」

4

日本の焙煎史

ブリキのドラム

全日本コーヒー商工組合連合会が編纂した『日本コーヒー史（上・下）』という浩瀚《こうかん》な本がある。一九八〇年に刊行された本で、その中に東西のコーヒー業界の重鎮が、戦前戦後のコーヒー業界はああだった、こうだったと座談形式で語り合う企画がある。昭和初年頃の焙煎について語り合っている箇所があるので、少し引用する。

《直径が四〇～五〇センチで長さも同じくらいの、小さな穴をいっぱい開けた、（略）鉄板製の缶を使っていました。ブリキ屋に注文してつくらせたもので、この缶の中に生豆を四～五ポンドほど入れ、下から火を焚いて焙煎する。缶の中には心棒が通っており、それに二枚の羽根と片方の端にぐるぐる回す把手《とって》がついている。燃料は、そのころ大方の荷物が木箱で送られてきたので、それを壊し、薪にして使いました》

薪で熾《おこ》した火の上で、穴の空いたブリキのドラムをガラガラと廻す。ずいぶん原始的な焙煎法だが、コーヒーがまだ一般庶民に普及していなかった頃は、だいたいこんな感じだったのだろう。またパネリストが使っている度量衡《どりょうこう》は誰もみなヤード・ポンド法。ドラムの中に入れる生豆は四～五ポンドというから、一ポンド＝四五三・六グラムとして約二キロくらい

か。で、焙き上がった煎り豆はどうするかというと、
《戸板の上に煎り上げたコーヒー豆を拡げ、煙が立つのを棒で掻き回しながら渋団扇《しぶうちわ》であおいで冷ますのです。まことに原始的なやり方ですが、当時の焙煎業者はみなこの方式でやっていました。ちゃんとした焙煎機が輸入されるようになったのは、かなりあとのことです》
渋団扇なんて言葉が出てくると、懐かしさで胸がいっぱいになるが、いかにも哀愁が漂ってきそうな焙煎風景である。が、こんな原始的な焙煎法から日本の焙煎の歴史が始まったと思えばひとしお感慨深いものがあるだろう。思えば、筆者の手網で焙煎する風景とあまり変わりがない。穴だらけの網で煎った豆を戸板ならぬザルとか新聞紙の上に広げ、団扇であおぐ。まことに原始的なやり方ではあるのだが、実に合理的でもある。ああ、筆者は日本の伝統に則《のっと》ってやっていたんだな、と思えば手網焙煎が一層愛しくなってくる。ずっとこのままでゆくことにしよう。
また一方で、アメリカの「バーンズ」という焙煎機に似せたものを鍛冶屋に造らせたという御仁もいた。
《パウリスタの頃のバーンズの焙煎機は、燃料はアセチレンガスを使っていました。これが一度爆発して、工場が丸焼けになったことがあるのですが、当時の工場は田んぼのまん中で、都市ガスが使えなかったので、仕方なくアセチレンガスを使っていたのです》
バーンズをマネて造らせた焙煎機は、結局、アセチレンガスの設備がなく、もちろんプロ

創業時の銀座カフェーパウリスタ。
（写真提供／銀座カフェーパウリスタ）

パンもない時代なので、コークスを使ったという。それに、本物のバーンズには冷却装置が付いていたのだが、鍛冶屋の技術ではそこまでは造れない。とどのつまりは、煎り豆をムシロの上にバーッと広げ、大きな団扇であおいだという。バーンズの焙煎機というから、ブリキ製の手廻しより上かな、と思ったが、こっちもあまり代わり映えがしなかった（笑）。

話の中に出てくるパウリスタとは「銀座カフェーパウリスタ」のこと。日本のコーヒー史の原点ともいうべき喫茶店チェーンで、一九一一年、ブラジル移民の父と呼ばれた水野龍《りょう》が開いた店だ。

「パウリスタ」も当初は苦労したらしい。コーヒー、それもブラジルのコーヒーを飲んでもらう腹づもりだったのだが、当時の大衆は五銭のコーヒーをなかなか飲んでくれなかった。で、ドーナツを付けたりシュークリームを付けたり、あの手この手の〝おまけ作戦〟。しまいにはライスカレーにコーヒーをタダで付けたら、ようやくコーヒーが浸透していったという。

さて以上が戦前の風景だが、戦後はさぞや進化しているのでは、と思いきや、こっちもあまり代わり映えがしなかった。某焙煎業者社長がいうには、戦後の物価統制令によるマル公（公定価格）で、一俵（六〇キロ）七九円の生豆が、煎って挽くとポンド当たり九〇〇円で売れた。だから、必死で煎ったという。

《今みたいに焙煎機なんて、まだ東京の大半が焼け跡のそのころ、むろんありませんからね。鉄板を探してきて、自分で簡単な焙煎機をこしらえて、木片を集めてきてそれを焚いて煎るんです。そうやって煎って、粉にして売ったわけだが、ポンド九〇〇円で買った男がそのことをお巡《まわ》りさんにしゃべっちゃった》

てなことで、今度は「暴利取締令」にひっかかって散々な目にあった、なんて話が次々と出てくる。戦後も戦前の状況とあまり変わらないのである。それと戦時中に長野県や群馬県などに隠退蔵物資《いんたいぞうぶっし》としてコーヒーの生豆も隠匿《いんとく》されていたようで、戦後放出され、お百姓が砕いたものを飼料に混ぜて馬や豚、鶏に食わせたのだが、全然消化せず、糞に混じって出てきただとか、コーヒーの代わりに、もっぱらドングリやサツマイモを煎った「代用コーヒー」を飲んでいた、などという話が戦後も続く。

豆にも個性があった

コーヒー豆の輸入が再開されるのは一九五〇年で、六〇年には生豆の輸入が自由化される。

富士珈琲機械製作所の焙煎機と関口一郎。
（写真提供／カフェ・ド・ランブル）

次いで六四年から国際コーヒー協定に参加する。ただし日本の扱いは消費振興のための「新市場国」で、もっぱら安い低級品ばかりが流れ込んできた。ところが〝コーヒー御三家〟の一人、銀座「カフェ・ド・ランブル」の故・関口一郎は、口癖のようにこう言っていた。

「昔は本当に個性的な豆が多かった。深く煎っても浅く煎っても、銘柄がハッキリ分かるほど特徴があった。たとえば、コロンビアにはメデリンとボゴタというのがあって、飲めばどちらの豆かすぐ分かった」

この時期、関口は直火式焙煎機を使っていた。「豆の特長を引き出すには直火式のほうが優れていたから」と関口は言った。おまけに燃料も経済的だし構造も単純だ。それを熱風式に替えたのは、ひとえに生豆の質的変化に因《よ》るという。

「年ごとに豆に個性がなくなり、品質が落ちてきた。で、思い切って熱風式に替えたんです。

熱風式は悪い豆をそれなりの味に仕立て上げられる」

日本には低級品ばかり流れ込んでいた、という事実とどうも噛み合わない。筆者の記憶では、銀座の店に伺うたびに、「昔の豆はよかった。どの豆にも個性があった」と関口はこぼしていた。日本が経済復興を遂《と》げ、それに比例して、輸入するコーヒー豆の質も徐々に向上してゆき、最後はスペシャルティコーヒーにまで行き着いたのだが、関口はこうした事情を知りながらも、あの嘆き節をやめなかった。

富士珈琲機械製作所を立ち上げた頃の寺本豊彦。
（写真提供／山下コーヒー（株））

寺本豊彦の話

関口が出てきたついでに、関口と仲の良かった寺本豊彦の話を少しする。寺本は日本有数のコーヒー機器メーカー「富士珈機」の前身である「富士珈琲機械製作所」の創業者。関口は、当時目黒にあった「富士珈琲機械製作所」の工場を訪ね、焙煎機やコーヒーミルの改良について寺本に相談、時には徹夜するほど議論に熱中したこともあったという。寺本は、日本のコーヒー焙煎の歴史の中で欠くべからざる人物なのである。

寺本は大坊勝次（「大坊珈琲店」）の愛機も手がけた。最初は五〇〇グラム用、次に一キロ用の手廻しロースターである。周囲は反対したという。機械を造るのが本業なんだから手廻しなんてとんでもないと。実際、役員がお店まで出向き、「あれ、お荷物（笑）」と社長の道楽に呆《あき》れ顔だったという。ある時、大坊が「ドラムの傾きにもっと角度をつけてほしい」と注文をつけたら、寺本は「ちゃんと考えて造ってありますから」とやんわり、しかも断固として拒否。大坊はむしろその底知れぬ自信と一徹なところに好感を抱いたという。

「銀座カフェーパウリスタ」の話は先述したが、「カフェ・ブラジレイロ」という店も忘れてはならない。同店の一号店は一九三〇年、大阪梅田新道に開店する。次いで一カ月後、二号店が東京は銀座二丁目にオープンする。そもそもこの店は神戸で貿易商を営む星隆造《りゅうぞう》が、ブラジル・サンパウロ州政府とブラジル産コーヒーの輸入契約を結ぶところから始まる。いわば、ブラジルコーヒーを日本に普及させるための最前線基地というわけだ。寺本はこの「ブラジレイロ」銀座店の店先で焙煎を担当しつつ、コーヒーを学んだ。「ランブル」の関口と知り合ったのはこの時だ。

関口の口癖はもう一つあった。コーヒー豆は「枡《ます》で売るべし」というものだ。会うたんびに聞かされるから、筆者にとっては〝耳タコ〟なのだが、

「コーヒー豆の販売が目方売りではなく枡目売りだったら、日本のコーヒーはいっぺんに良くなるのにね」

　という話は関口と寺本の間で交わされていたものらしい。たしかに枡で売るようになれば、焙煎する側も豆の体積をできるだけ膨らませようと努力する。体積を膨らませようとすれば、いわゆる〝水抜き〟の技術にも長けていなくてはならないし、必然的に膨らみきれていない浅煎りは敬遠され深煎り志向になる。

　関口と寺本がそんな話をしていた当時、町場にはようやくコーヒー屋がちらほら。見ればほとんどの店が進駐軍のキャンプから譲り受けたサイフォンなどで淹れていた。肝心のコーヒーは通称〝ポン缶〟と呼ばれたポンド表示のコーヒー缶詰で、「ＭＪＢ」や「マクスウエルハウス」などが知られていた。どれもみな進駐軍の横流れ品で、ヤミ物資の代表格だった。

　焙煎機はこれまたバーンズのものが強く、国産メーカーは「富士焙煎機」と「新高焙煎機」の二社だけ。新高というのは例の『ニイタカヤマノボレ』の暗号文で有名な台湾中央部の新高山《にいたかやま》（現・玉山《ぎょくざん》）である。台湾が日本の領土であった明治〜昭和初期まで日本の最高峰といえば富士山ではなく新高山（三九五二メートル）だった。ライバル会社が富士に張り合って命名したのだ。まるで出来そこないの落とし噺《ばなし》のようだが、事実である。

　あれから三十余年後、喫茶店の数はあれよあれよという間に増え続け、八一年には全国で一五万軒を超えた。そんな折、焙煎業者の卸す豆（浅煎り〜中煎りが主流）に物足りなさを感じていた店主たちの中から、コーヒー豆を自分たちで焙煎しようとする動きが出てきた。いわば焙煎メーカーの豆にアンチを唱えた人たちである。「ランブル」の関口もその一人で、世間にぐつぐつ煮出したようなポン缶コーヒーが出回っていた頃、本物のコーヒー生豆を直火式の一キロ焙煎機で丁寧に焙き、ネルドリップでたてていた。生豆の仕入れルートは知らない。おそらく隠退蔵されていた生豆を仕入れる手づるをどこかに持っていたのだろう。

極東の島国でコーヒー文化の完成

筆者は全国各地の自家焙煎店を見てきたが、共通項は〝深煎り志向〟だということ。「コーヒー専門店」という業態が流行っていた一九七〇年代、焙煎業者は揃って浅煎りもしくは中煎りの豆を卸していた。旨いからではない、歩留《ぶど》まりがよいからだ。煎り豆は目方で売った。同じ豆でも深煎りにすれば目方は軽くなる。つまり、深煎りは歩留まりが悪く、儲けが薄いのである。しかし、自家焙煎店はあえて深煎りコーヒーに挑戦、ネルやペーパーによる独自のドリップ文化を開花させた。

「コーヒーの鬼」と呼ばれた吉祥寺「もか」の標交紀のもとで修業、福岡に「珈琲美美《びみ》」という店を開いた故・森光宗男《むねお》は、「コーヒーは日本に辿り着いて、ようやく完成したんです」と、よく言っていた。コーヒーは日本に来て初めてブラックで飲まれるようになった。混じりけのないコーヒーそのものの味だ。それとフランスで生まれたドリップという抽出法が、同時に花開いている。極東の島国でコーヒー文化の完成をみた、という森光の指摘はあながち間違ってはいないのだ。

巧みなダンパー操作による焙煎技術と、ネルドリップの一杯淹《だ》てにこだわる抽出技術。「もか」店主の標交紀などは、焙煎機から発せられる音、煙、匂いだけで煎り具合が分かったというが、今は焙煎機の機能も格段に進化し、「焙煎プロファイル」さえ作成しておけば、ほぼ思いどおりの焙煎ができるようになったし、焙煎プロファイルは複数で共有することもできる。また、焙煎名人の焙煎法がインターネット上で公開されていたりもする。関口や標の勘に頼る〝名人芸〟は過去のものになりつつあるのだろうか。

浅煎りの〝ポン缶コーヒー〟の時代から七十有余年、この間、日本のコーヒー事情も大きく変貌を遂げてきた。「馬も食わない」というコーヒー生豆の扱い方を、それこそ手探りで追求してきた。そして今、九〇年代後半に米国で興《おこ》った「サードウェーブ（第三の波）」と称する紅毛舶載《こうもうはくさい》のコーヒーブームが巻き起こっている。一九世紀後半に始まる大量生産・大量消費が「第一の波」、七〇年代に始まるスターバックスコーヒーなどエスプレッソバーの流行を「第二の波」とした時の「第三の波」というわけだ。簡単に言うと、スペシャルティコーヒーのような高品質のコーヒーを、機械抽出などではなく、ハンドドリップやサイフォンで一杯ずつ丁寧にやるというもの。

何のことはない。日本もアメリカも、行き着いたところは結局、良い生豆と良い技術。どちらが先か後かの違いだけで、生豆品質に胡座《あぐら》をかいてきたアメリカが、遅ればせながら焙煎や抽出の大事さに目覚めた、というだけの話である。そして彼らが世界を見渡した時に目についたのが、焙煎・抽出が独自に進化を遂げた島国、日本だったというわけだ。つまり、サードウェーブの日本上陸というものは、日本の喫茶文化がアメリカ人の目に〝クール〟と映り、米国西海岸をぐるっと回って、ブーメランのように日本に舞い戻って来ただけの話なのだ。

HOME
COFFEE
ROASTING
column

焙煎トレーニングセンター

中国では〝レジェンド〟

　コーヒーの業界で、俗に〝御三家〟と呼ばれる焙煎名人の一人が「カフェ・バッハ」の田口護（八二）だ。田口は全国に一五〇店舗ほどある「バッハコーヒーグループ」の総帥《そうすい》でもある。このグループは四十有余年の歴史を持つが、「バッハ」の直営でもないしフランチャイズでもない。「バッハ」で焙煎などの教育を受け、田口に師事する仲間たちが技術の共有と原料（コーヒー生豆など）の共同仕入れなどを目的として設立した互助会的な組織なのである。

　グループ店は生豆を「バッハ」を通して仕入れる。小規模自家焙煎店はコーヒー生豆の消費量が少ない。おまけに「バッハ」並みに豆の種類を揃えるとなると、ついつい小口の取引になってしまう。となれば輸入商社もいい顔はしない。そこで「バッハ」が仕入れ窓口となり、グループ全体の生豆を一括して仕入れ、各店に発送しているのである。

「バッハコーヒーグループ」は豆売りに力を入れている。これも田口の指示で、結果、売り上げが急速に伸びている。「バッハ」単体でも、月に一・五トンの豆を焙煎する。これはコロナ禍の思わぬ副産物だが、コーヒーの家飲みが増加し、通販の顧客がウナギ登りに増えているためだ。常連客は今や数千人を数える。グループ全体の話ではない、「カフェ・バッハ」単体の数値である。

田口は年間二〇〇回以上フライトする。うち海外が二〇回弱。今はコロナ禍で巣ごもりを余儀なくされているが、以前は国内外を行ったり来たりしていた。国内でのフライトはほとんどがグループ店の視察と指導である。傘寿《さんじゅ》をとうに過ぎているが、フットワークが軽く、実に面倒見がいいのだ。

さて、田口の著作はたくさんある。そのほとんどは中国語、韓国語に翻訳されている。海外、特に中国では〝レジェンド〟と評される存在で、北京でサイン会などを催すと、小学生までが列に並ぶという。ちょっとしたＶＩＰだ。

「小学校でコーヒーのことを教えているんだ。中国雲南省は世界有数のコーヒー生産地に成長したからね。学校でも国産コーヒーのすばらしさについて教えているのだと思う。かと思うと、中国語版の『珈琲大全』を小脇に抱えた若者が、この本を読んでコーヒーに関心を持ち、コーヒー業界に入りました、なんて嬉しいことを言ってくれる。中国の

コラム　焙煎トレーニングセンター

人はどっちかというと中深煎りのすっきりした味のコーヒーが好きみたいだね。自家焙煎店も増えていて、焙煎機はほとんど中国製みたいだ」

田口のところには中国からの研修生も来る。「サービス」という概念が広く浸透していないため、「バッハ」で徹底的に学ぶのだ。田口は二〇〇六年、カフェ開業をめざす人々のために「バッハコーヒートレーニングセンター」を開設した。現在は、コロナ禍のためほぼ休業状態だが、焙煎セミナーなどは四〇年の歴史がある。

「システム珈琲学」という焙煎法

受講生はまず「スタートアップ経営セミナー」（二日間コース）に参加する。最初に学ぶのは基礎的なカッピング技術だ。カッピングを学ばなければ生豆評価ができず、仕入れに支障をきたす。次いで基礎的な焙煎技術と欠点豆を除去するハンドピックの技術も学ぶ。田口は「システム珈琲学」を唱え、コーヒーをA～Dの4タイプに分類、それぞれのタイプ別の焙煎法を指導している。たとえば肉薄で成熟度の高いAタイプのブラジルは、浅煎り～中煎りに、ケニアのような高地産で大粒、肉厚のハードなDタイプはフレンチ～イタリアンの深煎りに、という具合だ（「2 お家焙煎の科学」でも触れた）。

基礎的な技術を学んだら、次はより高度な「ステップアップ経営セミナー」に移行する。講師から与えられたテーマに受講生同士が協同で取り組むこともある。たとえば、エルサルバドルという豆を、中煎りを中心に四つの段階に煎り分ける練習。豆色の変化は見極めが難しいが、慣れてくると微妙な焙煎度の違いが分かってくる。講習に使われる焙煎機は「バッハコーヒー」と岡山市の「大和鉄工所」が共同開発した半熱風の「マイスター」だ。講習中、受講生からこんな質問が飛ぶことも。「ダンパーの役割は何ですか?」「蒸らしの時、ダンパーを閉め気味にしますが、それはなぜですか?」などなど。まさに談論風発である。

「焙煎機選びは最低三キロからはじめるのがいいですね。経営を安定させるのなら、三～五キロの焙煎機を持っていたほうがいい。豆売りに比重をかけやすいからです」

とは田口の弁。グループ加盟にマイスター導入は絶対条件ではもちろんない。が、グループ加盟店のほとんどがセミオートのマイスター焙煎機を使っているという。

5

実践

小型焙煎機

上位機種と同じ小型ロースター

焙煎機メーカーの「富士珈機」に小型の本格ロースターがある。「ディスカバリー」という焙煎機で、フジローヤルのラインナップの中では最も小さな焙煎機だ。発売されたのは二〇一六年で重量は約四〇キロ、一回の焙煎量は二五〇グラムで、直火と半熱風の二種がある。焙煎量が少量なので、自家焙煎店ではサンプル焙煎用に使われるケースが多いという。

だが、同社の福島達男社長は、

「もちろんプロ向けのサンプルロースターとして開発されたものですが、同時にアマチュアの趣味の対象としてコーヒーの焙煎もあり得るのではないか。まあ、そんな期待も含めて発想されています。というのは、インターネットの普及で生豆などが容易に手に入るし、自分で焙いた豆をネット通販という形で売ることもできる。コロナ禍というのもありますが、これからは個人向けの簡便なロースターがどんどん開発されてゆくのではないでしょうか」

とその開発動機と展望を語っている。

店を持たなくてもビジネスができる、というのは大きい。

〈コーヒーが大好き→焙煎してみたい→通販で売りたい→売れたぞ！　超嬉しい〉

3

1

4

2

1／使用する適量の生豆を準備し、まず暖気運転をする。　**2**／電源を入れ、点火ボタンで点火。ガスの調整バルブをガス圧を見ながら設定。排気調整ダンパーも設定。この状態で約20分くらい釜を温める。　**3**／温度が220℃くらいになったら、いったん火を落とす。バルブを閉めて170℃くらいまでにする。　**4**／ホッパーダンパーが閉じていることを確認し、生豆をホッパーに準備。

こんなビジネススタイルが確立されれば、それこそ多様な生き方が可能になる。実際、この本の中にもそれらの〝先達たち〟が登場するが、今や、プロとアマの境界があいまいで、ネット通販で自信をつければ、そのままプロに移行することもできる。いわば自家焙煎店の予備軍なのである。

また一方で、「シェアロースター」というビジネスもお目見えしている。買えば高価なロースター（焙煎機）を不特定多数の人がシェアし合う、というシステムだ。言ってみれば、カーシェアリングのロースター版である。大阪や東京にシェアロースターはあって、東京にはキーコーヒーが運営する時間貸しのロースターがある。レンタル料は一時間当たり三〇〇〇円（二〇二一年六月現在）くらいだ。アメリカや北欧などではすでに根付いているサービスで、「焙煎したいけど焙煎機の値段が高くて手が出ない」という人たちには朗報だろう。

「日本の場合、プロが無意識のうちに焙煎のハードルを高くしてしまっている、というのもありますね。焙煎名人が描かれた本などを読んでも、やたら小難しい理屈がこねられている（笑）。私は思うんです。素人はまず手網から入ればいいと。機械式はシリンダーの中が見えませんが、手網だったら豆の変化が手に取るように見えます。私は『手網から入門すべし』と声を大にして言いたい」

福島社長は手網の効用を熱っぽく語ってくれた。

7

5

8

6

5／180℃になったらホッパーダンパーを開いて、シリンダーに生豆を投入。ガス調整バルブを調整。　**6**／生豆を入れたことにより釜の温度は徐々に下がり、ボトム（中点）に達する。　**7**／蒸らしの工程が終わり、本格的な煎りの段階に入る。生豆の色をテストスプーンでチェックする。　**8**／釜の温度が160℃になったらダンパーを開ける。

さて、主役のディスカバリーのほうに話を移そう。同社東京支店には各種の焙煎機が陳列されており、実際に焙煎体験ができるだけでなく、ワークショップなども開催されている。機械操作に詳しい東京支店長の杉井悠紀さんに稼働させてもらおう。なお、焙煎時間などは室温や湿度、生豆の種類によっても変わるので、あくまで目安として参考にしてほしい。

杉井さんは、ディスカバリーという機種についてこう語っている。

「この機種は焙煎のプロたちによく売れています。サンプルロースターとして使い勝手がいいからです。しかし豆売りまでできる量産機ではありませんから、これから豆売りをやりたいという人は三キロ釜あたりを考えたほうがいいと思います。それとJCRC（ジャパン・コーヒー・ロースティング・チャンピオンシップ）という焙煎技術を競う大会がありますが、日本予選でこのディスカバリーが使われています」（杉井）

焙煎記録ソフトの「ロースティングコンパス」に接続すればプロファイリングが可能で、図表化された焙煎データをすぐ活用できる。この小型ロースターは上位機種と仕様が同じなので、操作法さえマスターすれば、一キロ釜や三キロ釜も自在に使いこなすことができる。

焙煎の手順

では実際に焙煎してもらおう。

□準備

11

9

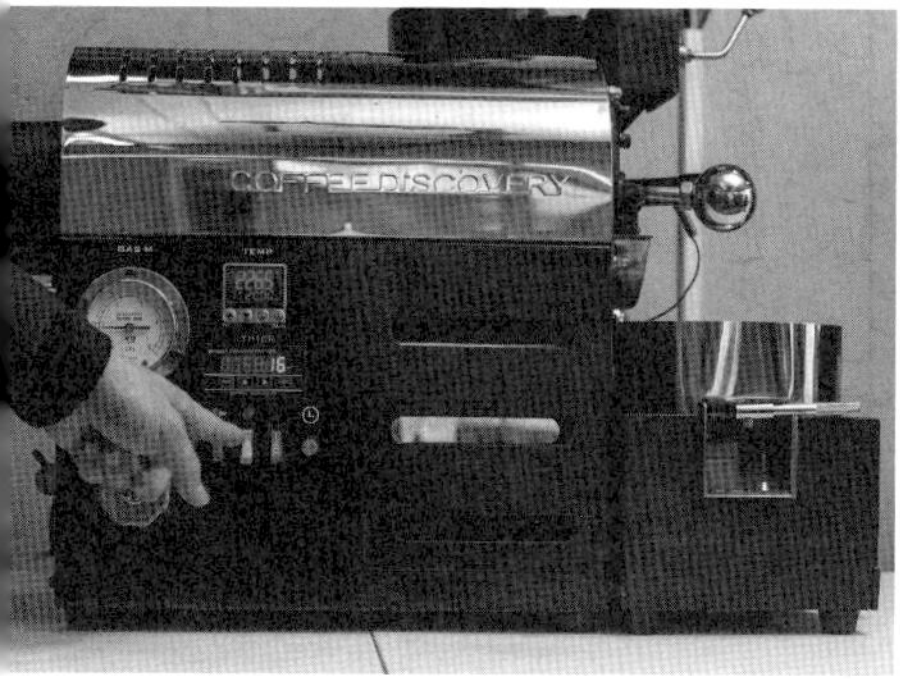

12

10

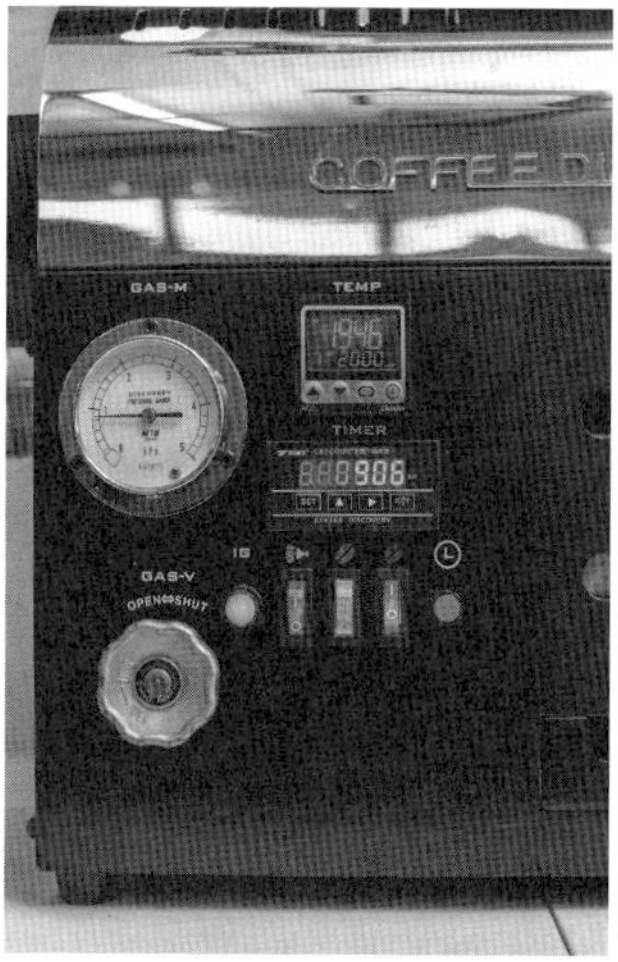

9／白煙がどんどん濃くなってゆく。　**10**／シリンダー内の温度が190℃を過ぎたころ、「パチパチ」という音が聞こえてくる。1ハゼだ。1ハゼが終わったら、ダンパーを調整。　**11**／テストスプーンで色目を見て、煎り止めるタイミングを計る。210℃を過ぎた頃、「ピチピチ」という音で2ハゼがはじまる。　**12**／冷却スイッチを入れ、煎り止めの準備をする。

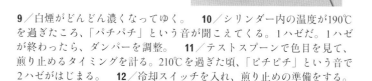

生豆はエチオピアを二〇〇グラム用意した。同機は一〇〇〜二五〇グラムまで焙煎可能。

□暖気運転

赤色の本体スイッチで電源を入れ、点火ボタンで点火。ガスの調整バルブをガス圧計を見ながら〇・六キロパスカルに設定、排気調整ダンパーの目盛りを一・五にする（一が〝閉〟で五が〝開〟）。この状態でおよそ二〇分くらい釜を温める。シリンダー内はみるみるうちに温度が上がり、数分後には二〇〇℃にまで達した。

□蒸らし（水抜き）

暖気運転で二二〇℃くらいになったらいったん火を消す。そしてバルブをやや閉めて温度を一七〇℃くらいまで落とし、生豆をホッパーに準備する。次に一八〇℃になったらホッパーダンパーを開いてシリンダーに生豆を投入、バルブを〇・九キロパスカルにする。ダンパーは一・五のままだ。

生豆を入れたことにより釜の温度は徐々に下がり、一〇四℃で下げ止まった。ここから徐々に上がり出すのだが、この一番下がった温度をボトム、または中点という。

□煎り

15

13

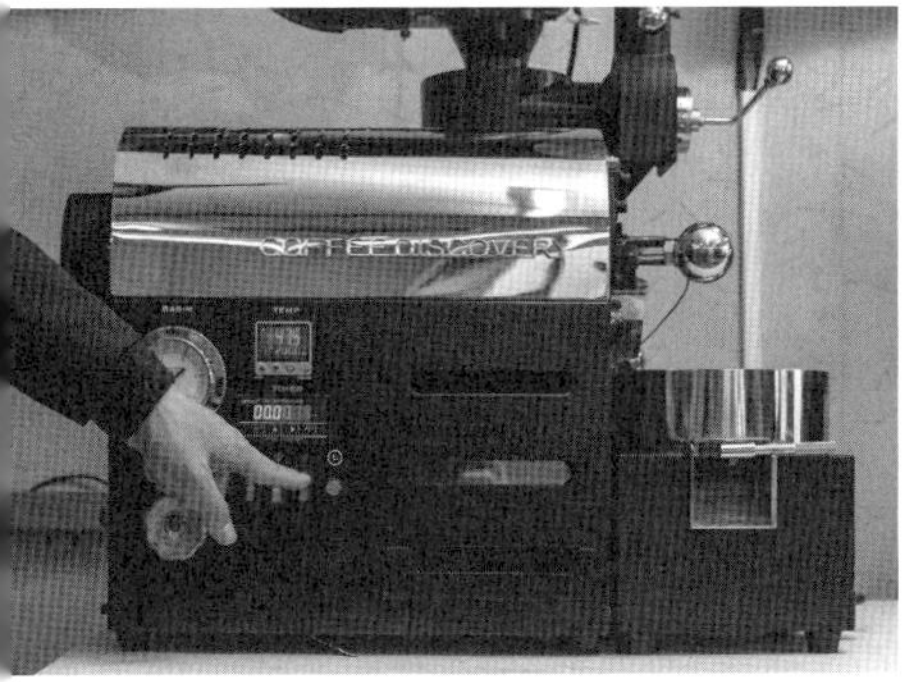

16

14

13／前蓋開閉ハンドルで前蓋を開け、冷却箱に豆を取り出す。豆をすべて出し終えたら、ガス調整バルブを閉める。　**14**／煎った豆は冷却箱の中で攪拌。ファンの送風で冷却される。冷却せずにそのまま放置すると、余熱で焙煎が進んでしまう。　**15**／手で触って熱くなければ冷却は完了。焙煎した豆を取り出す。　**16**／シリンダーの温度が50℃まで落ちた後、電源をオフにする。

（技術指導／富士珈機 杉井悠紀）

蒸らしの工程が終わると、次は本格的な煎りの段階に入る。しばらくすると生豆の色がキツネ色に変化してくる。それをテストスプーン（サシともいう）で確認する。また排気ファンからは白い煙が出はじめる。ダンパーは一・五のままほとんど閉じている。釜の中の温度が一六〇℃になったらダンパーを開ける。目盛りは二・五だ。

シリンダー内の温度が一九〇℃を過ぎた頃、「パチパチ」と威勢のいいハゼ音が聞こえてくる。一ハゼである。豆のロースト具合はライトローストといった感じか。白煙がどんどん濃くなってゆく。一ハゼが終わったら、ダンパーの目盛りを三・五～四・〇にする。「ピチピチ」という二ハゼは二一〇℃を過ぎた頃に始まる。二ハゼの直前で焙煎度はシティローストってところか。二ハゼが始まったら、頻繁にテストスプーンで色目を見る。そして今回はフルシティで煎り止める。二ハゼが始まってから三〇秒後だ。杉井さんによると、火災事故の危険性が高まるので、二四〇℃以上はNGなのだという。

豆の油が出はじめる直前、ピチピチ音がなくなる頃、冷却スイッチを入れ、前蓋開閉ハンドルで前蓋を開け、冷却箱に豆を取り出す。豆をすべて出し終えたら、ガス調整バルブを閉める。今回、生豆の投入から取り出しまで約一二分かかった。

□冷却

煎った豆は冷却箱の中で攪拌され、ファンの送風によって冷却される。手で触って熱くない程度になれば冷却は完了、焙煎は終了する。冷却時間は三〜五分だ。焙煎後の豆の重さを量ったら約一六〇〇グラムだった。歩留まりはおよそ八割ということだ。周知のことだが、冷却せずに放置したままだと、余熱で焙煎がどんどん進んでいってしまう。煎り止めたら素早く冷却しなくてはならない。

焙煎機はシリンダーの温度が五〇℃まで落ちた後、電源をオフにする。

自家焙煎ブーム？

話は変わるが、福島社長によると、スペシャルティコーヒーのインポーター・ワタルの業績が絶好調なのだという。なぜかというと、ネット販売などでスペシャルティコーヒーの売れ行きが快調だからだそうだ。スペシャルティコーヒーは香り重視で、どちらかというと浅煎り〜中煎り向き。今や一般の人にもスペシャルティコーヒーという存在が知られ、素人もネットを介して買い求めているらしい。となれば、「富士珈機」のディスカバリーや手廻しロースター、それに「煎っ太郎」などという小容量の小型焙煎機に注目が集まる。

「基本は業務用でプロ向けではありますが、今や焙煎はプロの独擅場《どくせんじょう》ではなくなりつつあります。プロ向けオンリーという時代ではないのです。で、今、一般向けのロースターを開発しているところです。この製品は電熱（ヒーター）が熱源のロースターで、ガスの使えない商業施設内での利用が想定されています。巣ごもりの時代にふさわしいロースターだと自負しております」

電気式の新しいロースターを開発中、と福島社長は教えてくれた。取材後、無事完成し、ｃｕｂｅ ｅという名で発売されている。

コロナ禍も手伝っているのか、ディスカバリーの売れ行きも順調で、月に一五台は着実に売れるという。購入する者の五割はプロではなくアマチュアだというから、巷間《こうかん》言われている〝コーヒーブーム〟は本物なのだろう。現に「富士珈機」では「大坊珈琲店」の大坊が愛用しているロースターを造ったが、それとそっくり同じの手廻しロースターを毎年五〇台限定で製造している。これが殊の外人気で、ほぼ一～二週間以内に売り切れてしまうという。値段は二〇万円弱である。そして今、さらにステップアップした〝コーヒー自家焙煎ブーム〟が巻き起ころうとしている。プロもおちおちしていられない状況なのである。プロ・アマが共に研鑽を積み、コーヒー焙煎の新たな地平が開ければ、それこそ物怪《もっけ》の幸いというべきだろう。

6

先達たちの作法

十文字美信の場合

感性のバケモノになりたい

十文字美信。

写真家である。それも著名な。写真家を志す人間なら「雲の上の存在」というかもしれない。事実、土門拳賞や日本写真協会作家賞などを受賞し、その盛名は海外にも轟《とどろ》いている。この雲の上の男が、知る人ぞ知る、コーヒー焙煎の名人でもある、というのだから面白い。

「すみません、酸味の強いコーヒーはありますか?」

十文字は鎌倉にある自宅のギャラリーで写真展を開く時、自ら焙いたコーヒーも提供するのだが、来館者の一人が十文字に向かってこう尋ねた。

「ありません」

十文字の返事はあっさりし過ぎていて、取りつく島もない。

近頃は浅煎りコーヒーがブームなのか、時々、こうした注文をする客がいるという。酸味より苦味を重視する十文字は、

「〝サードウェーブ（第三の波）〟の影響なのか、若い人たちは酸味こそがコーヒーの持ち味だと勘違いしてる。コーヒーは苦味にこそ本質があるのにね。今時の人は深煎りコーヒーを知らな過ぎるよ」

十文字曰く、

「コーヒーの価値は、コーヒー豆が潜在的に持っている甘味をいかに引き出すかにある」と。そしてその甘味は「苦味のほんのすぐそばにある」という。

鎌倉は鶴岡八幡宮にほど近く、賑やかな小町通りから少し路地に入ったところに十文字の自宅兼ギャラリーがある。鉄製の門扉にレンガ造りの建物。この瀟洒《しょうしゃ》な建物の中に、一年ほど前まで「CAFÉ bee」というカフェがあった。一一年前、十文字の作品を展示するギャラリーを設けようという計画が出た折、来館者が一息つける場所も必要ということで、奥さんと娘さんが中心になってカフェをはじめたのだ。

店舗デザインは女性陣の担当。内装はフランス・ノルマンディー地方にある一六世紀の教会がモチーフだという。カップ類はリモージュや京薩摩の陶器で、すべて一九世紀のもの。壁には奥さんの描いた花の絵が掛けられ、窓の外には緑豊かな庭園が広がっていた。また床には蜂の巣をかたどった瓦が。店名（蜂の意）はこの意匠に由来する。

手作りのケーキと深煎りコーヒーが評判だった「CAFÉ bee」、そのコーヒーはもちろん十文字が焙いたものだ。焙煎は毎日行い、多い日は一晩で七バッチ（回）も焙いた。本業の傍ら、カフェの経営を楽しんでいた十文字だが、昨年六月、一一年間営業した店を閉めた。コロナ禍の影響ではない。一身上の理由である。

「ボクに残された時間はそう多くはない。であれば、自分の一番好きな写真を撮り続けて終わりたい」

ということで泣く泣く店を閉めたのだが、焙煎だけはやめられなかった。自分と家族の分だけは焙き続けようと考えたが、十文字のコーヒーをどうしても飲みたい、という根強いファンもいた。今は仕事の合間を見て、彼らのために心入れのコーヒーを丹念に焙いている。

十文字美信は一九四七年三月、横浜に生まれた。一八歳の時に神奈川県立工業試験所に就職、三カ年をガムシャラに過ごしたが、今ひとつ仕事に打ち込めない自分を感じていた。所長の代が替わる時、全所員に業務報告をするようお達しがあった。発表の前日、十文字はひとり所長室に出向き、こう切り出した。

「私には発表すべき何ものもありません。勝手ながら辞めさせていただきます」

所長はビックリし、十文字の顔をまじまじと見つめた。

「辞めて君は何をするんだね。やりたいことが他にあるのかね？」

十文字は一瞬、言葉につまったが、たまたま所長室の一角にあった〝暗室〟という文字に目がとまり、咄嗟《とっさ》に「カメラマンになります！」と答えてしまった。所長は笑って、

「今からかい？　いいか、写真でめしを食ってゆくのは並大抵ではないんだぞ。悪いことは

言わん、なれっこないからやめとき！」

別の上司は、さも小バカにしたように、

「君がカメラマンになれたら、銀座通りを逆立ちして歩いてやるよ」

と使い古された言い方でやんわり思い留まらせようとした。十文字の将来をおもんぱかっての苦言である。

十文字は終始黙っていたが、実は当時、写真などにまったく興味がなかった。

「ボクは子供の頃から大人しい性格でした。でも、何かの拍子にポッと火が点くと、妙に意地を張るところがあった。ちょっと口幅ったい言い方になるけど、ボクは感性のバケモノになりたかった。誰も感じないものを感じ、誰も見たことのないものを見たかった」

十文字は退社後、横浜篠原町の小さなアパートに住み、昼は喫茶店で働き、夜は写真学校の夜間部に通った。が、時あたかも〝七〇年安保闘争〟の嵐が吹き荒れ、世の中が騒然としていた時期。写真学校も過激派学生に占拠され、バリケード封鎖される事態に。十文字はわずか三カ月通っただけで、復学することなく仕事を求めて東京へ向かった。

二二歳の時、写真家・篠山紀信のアシスタントとなり、二年後に結婚。同時に写真家としてデビューすることに。デビュー作は『untitled（首なし）』というもので、人物の首から下だけを写した作品集だった。この作品集は殊の外評判となり、なんとニューヨーク近代美術館から出展の招待状が届いた。

「ボクの写真が飾られた同じ壁に、ピカソやゴッホ、モネなどの絵が掛かっていた。ボクはその事実を平然と受け止めていた」

ニューヨークへ行く時も、熱海へ新婚旅行に行くような軽いノリだった、というからどうして腹が据わっている。こうした高慢ちきな発言を聞かされると「ずいぶん生意気なやつだな」と眉をひそめるムキもあろうかと思うが、実際、何の気負いもなくしゃべっている十文字と対していると、ひどく当たり前の発言に思えてしまうからふしぎである。たしかにこの男は〝感性のバケモノ〟なのかもしれない。

オリジナルの焙煎機

さて、肝心のコーヒーの話に移るが、焙煎はちょうど一二年前に始めた。最初は何から手をつけてよいのか分からず、魚を焼く網を何種類も買ってきては、火力を調整しながら生豆を焙いた。そのうち、「おいしいコーヒーって何だろう？」と考えるようになった。当時評判だった吉祥寺「もか」の味が自分好みだということは分かったが、名店の味巡りをしようとはついぞ思わなかった。が、たまたま南青山は「大坊珈琲店」のカウンターに座る機会があり、ひとくち口に含んだ瞬間、ビビッと全身に電気が走った。

「あれっ？　香りがすごいな、このコーヒー。どうやればこんな香りが出るんだ……」

人づてに、店主の大坊勝次は朝の八時頃から焙煎をはじめるらしい、と聞いた。で、興味本位に日参し、修行僧のように無言で焙煎する大坊の手元をじっと見つめた。そして気づいたことをしっかりメモした。何回か通ううちに大坊のほうから声をかけてくれた。

「もっと近くで見てもいいですよ」

数日後、十文字の姿は浅草かっぱ橋道具街は「ユニオン」の店先にあった。ユニオンは喫茶器具の販売を主にするお店。大坊に刺激されたのだろう、十文字はドラムに穴の空いた五〇〇グラム用の手廻しロースターを買い求めていた。

十文字はさっそくコーヒー生豆を焙煎してみた。五〇〇グラム用だからと、マックスの五〇〇グラムを投入してしまったのか、焙煎しているうちに煙がもくもくと湧きあがってきた。慌てて窓を開けたが、消防署に通報されるのでは、と危惧されるほど小さな焙煎室は煙で充満してしまった。結局、豆を煎るどころか燃やしてしまい、記念すべき一回目の手廻し焙煎は失敗に終わった。そこから教訓を得たのか、十文字はこんなことを言っている。

「焙煎というのは、つまるところコーヒー豆を焙くことに尽きる。ただし、どんなことがあっても炭化させてはいけない」

ユニオンで買い求めた手廻し焙煎機は大阪の「富士珈琲機械製作所」の造ったものがオリジナルで、初期のものは鉄製だった。現在のものは鉄とステンレスの合金だが、十文字は鉄製にこだわった。じっくり弱火で焙煎してゆこうとする場合、熱伝導の効率を考えれば、鉄製のロースターが一番という結論に至ったのだ。といっても、鉄にもいろいろある。十文字

は最初、純鉄に憧れたが、純金がやわらかいように純鉄もやわらかくてもろかった。だからふつう、炭素をはじめとする鉄以外の成分を加えて合金を作る。

ユニオンで買った焙煎機は三年使った。しかし容量と鉄板の厚さに物足りなさを感じ、自分なりに改良を加えることにした。もちろん十文字自身が鉄の加工をするわけではない。撮影関係のスタッフの中に、鉄工所とつながりのある人もいるので、オリジナルの手廻しロースターの製造を頼んだのである。十文字は自ら図面を引いた。大坊珈琲店で見た手廻しロースターをイメージしながら、慣れぬ手つきで図面を描いた。十文字は知らぬ間にコーヒー自家焙煎のめくるめく世界に夢中になっていた。

「焙煎とは〝時間〟と〝火〟との相関関係のこと。一方で写真は〝時間〟と〝光〟との相関関係ということがいえる。焙煎と写真は似ているんです」

十文字はよく「見えないものを見たい」と言う。スペシャルティコーヒーには果物のような香りがある、とよくいわれるが、実際に飲んで言われたとおりの香りがすると、十文字はつまらなそうな顔をする。写真も同じ。狙いどおりの写真が撮れたりすると、かえってガッカリしてしまう。コーヒーも同じで、

「自分で焙煎するからには、今まで飲んだことのない、体験したことのない味と香りにめぐり会いたい」

などと言う。教科書に書いてあるとおりの、決まりきった結論では面白くないのだ。つむ

じ曲がりというのもあるのだろうが、芸術家というのは総じてそんなものなのか、ましてや「感性のバケモノ」をめざす男だ、並みの結論では納得できないのであろう。

市販の手廻し焙煎機のシリンダーの厚みは〇・八ミリだった。パンチングメタル仕様の直火式である。十文字はこの焙煎機を操り、理想の焙煎とは何かを追求し続けた。焙いたあとは必ず豆を割ってつぶさに観察した。

「理想は豆の表面と内側の色が限りなく近いこと」

ひたすら焙煎を重ね、苦味のそばにあるという甘味を探し求めた。

「火を使う喜びというのを感じますね。陶芸も料理もそう。火を使ったものは思いもよらぬ結果を生むことがある。偶然から生み出される結果は、ボクにとっては興味深いものばかり。写真と同じで、予測を超えたところに面白みが存在している。喜びの質ってものが似ているんだね」

十文字の考えた焙煎機はまずどんな鉄を使うか、というところから始まった。やわらかすぎる純鉄はあきらめたが、工業用の鉄は錆止め用にあらかじめ油を含ませてあるから、事前に油抜きをする必要があった、などと試行錯誤した体験談をひとくさり。航空機の部品に使う鉄がいいだろう、などと鉄工所へ注文を出したりもした。

前述したようにシリンダーの厚みにも強いこだわりを見せ、〇・八ミリから〇・九ミリ、一・三ミリ、一・二ミリ、一・一ミリと、次々と試作品を造らせた。あれこれ試した鉄板の厚みを見ても、そのこだわりが尋常でないことが分かる。今使っているのは五タイプ目の六号機。容量は一キロで、シリンダーは直火から半熱風に替えてある。シリンダーの厚みは一・一ミリである。

「バーナーはマルゼンのガスコンロを使ってます。ガスは都市ガスが一番ですね。ガスホースの口径ですが、通常の九ミリを一三ミリに変更しました。火力を考えてのことです。また焙煎機を支える台の高さも調整しました。それと回転しやすくするため、ベアリングも装着した。また焙煎し終わったらすぐに冷やさなくてはならず、ロースターの取り回しも考えた。重すぎれば往生するし、形とのバランスもある」

十文字曰く、直火式は味優先、引き際があっさりしていて飲みやすいという。一方、半熱風は香り優先。最初は直火であれこれ試みたのだが、「大坊珈琲店」で嗅いだような香りがついてこないので、思い切って半熱風に替えたのだという。十文字のめざす〝おいしいコーヒー〟とは、

「酸味、甘味、苦味のすべてが揃っていて、味の切れがいい。飲み終わった後に、甘い香りが残っているようなコーヒー」

というものらしい。十文字はこんなことも言う。「コーヒーには品格が必要だ」と。そういえば同じセリフを吉祥寺「もか」の店主・故・標交紀も言ってたっけ。標は「コーヒーの鬼」と呼ばれた焙煎名人で、「コーヒーも最後の最後は〝品格〟のあるなしで決まってしま

う」などと話していた。品格のないコーヒーは浅はかなもの、取るに足らないものだから踏み倒していい、とこう言うのだ。

十文字曰く、コーヒーの品格はひとえに香りにかかっている。飲む前、口に含んでいる時、飲み終わった後にそこはかとない香りが漂っていなくてはならない。その香りを引き出すためにはどんな焙煎法が必要なのか。

フォースウェーブ（第四の波）

「できれば一ハゼをなくしたい」

十文字の口から飛び出してきた言葉は、かつて一度も耳にしたことのない言葉だった。ふつうコーヒーは大きく二度ハゼるといわれている。十文字に言わせると三ハゼ目もあって、静かに聞き耳を立てていると微かにハゼ音が聞こえるという。

さて、「一ハゼをなくしたい」の真意だが、コーヒー豆の素材分子をゆっくり変化させてゆくために、弱火で時間をかけ静かに煎ってゆくと、通常の〝パチパチパチ〟という威勢のいいハゼ音が影をひそめ、静かな〝パチ〟という音が聞こえてくる。よく物の本には、一ハゼは激しく〝パチパチ〟と、二ハゼは速い連続音で〝ピチピチ〟とハゼる、とある。そして一ハゼは存分にハゼさせろなどと書いてあるが、十文字はこうした指南法にはやや問題があるとしている。

「一ハゼを存分にさせるには、ある程度の火力が必要になります。でも火力を強くするとどうしても味が単調になり、ボクの求めるコーヒーの〝気品〟が失われてしまう」

ではどうしたらいいのか？

答えは先ほど述べたように、弱火で、時間をかけ、静かに豆を煎ってゆく。豆に含まれる水分を時間をかけて抜いてゆくのだ。繰り返すが、豆に含まれている水分（通常は一一～一三パーセント）を蒸発させるのが一ハゼ、豆の内部が熱せられシワが伸びる時に発せられるのが二ハゼだ。この水分蒸発の過程を静かにゆっくりやりましょう、というのが十文字の提案である。

もちろんコーヒー豆のハゼる音は豆の種類、含水量によっても違う。たとえばナチュラルのモカと同じくナチュラルのブラジルを比べると、モカは線香花火みたいに弱々しくハゼるが、ブラジルは力強くハゼる。コロンビアやグアテマラといった火の通りにくい豆は、色づきやわらかくなるポイントが遅いので、じっくり焦らず熱を加えてゆかなくてはならない。

ここで十文字の体得したハゼの極意を伝授してみたい。それは焙煎標語か早口言葉のようにも聞こえるが、

《一パチ、二パチパチ、三ミチ》

というもの。一パチは先述したように弱火で静かに通過すべきところだから、少し遠慮がちに〝パチ〟は一回だけ。ただ二ハゼはどんな豆にも必要だから、通常どおりパチパチ（通

常はピチピチという、か細い連続音が聞こえる）と。問題は〝三ミチ〟で、筆者は最初、〝三未知〟の意かと思った。三回目のハゼはかねてあるとは聞いているが、自分で体験したことがなかったからだ。だから〝未知〟の世界ということで〝三未知〟ではないかと。

しかし、その予測は大はずれだった。十文字の説明では、二ハゼの後で聞き耳を立てていると、微かに〝ミチミチ〟というハゼ音が聞こえてくるというのだ。この音を聞いたら、「瞬時に煎り止めること。そうしないと、あっという間に焦げてしまう。ふつうは深煎り好みの人は二ハゼの前後でおろしてしまうけど、そのあたりで煎り止めてしまうと微妙な甘味が出ない。ボクの言う〝三ミチ〟までゆかないとおいしいコーヒーにならないんです」

こうした考えの持ち主であれば、浅煎りばかりの「サードウェーブ」コーヒーを毛嫌いするのももっともだろう。コーヒーは基本的に甘くなくてはおいしくない。甘味の位置は、思うに酸味から苦味へと移る直前に存在するような気がする、と十文字。

焙煎を志す者は必ずといっていいほど「深煎りの甘味」をめざす。その甘味が表出してくるゾーンは、それこそピンポイント的なものらしいのだが、実際にそうしたコーヒーに出会った時は、思わず「ラッキー！」と叫びたくなる。筆者がその種の奇跡的なコーヒーにめぐり会ったのは数えるほどしかない。日本全国のコーヒー自家焙煎の店を渉猟したと自負している男にしてこうである。それほど「深煎りの甘味」の追求は至難を極める。

十文字も幻の甘味を追求し続ける男の一人だが、その道がいばらの道だということは薄々感づいている。

「スペシャルティコーヒーの何たるかはよく分からないけれど、浅く煎って果物のような香りがする、と喜んでいてもつまらないではないか。弱火を使い焦がさずに深く煎り進める。唯一、この道だけが花の香りを漂わせるコーヒーと出会う道なんです」

十文字の信念は揺るぎがない。

面白いことに、自分のコーヒーを「フォースウェーブ（第四の波）」などと呼び、悦に入っている。いつだって茶目っ気たっぷりなのである。さて、煎り止めた後の「冷却」だが、好奇心旺盛で完璧主義者の十文字は、思いつく限りの、ありとあらゆる冷却法を試みたという。

以下、その方法を挙げてみると、
①自然放置　②冷風を送る　③霧を吹く　④冷やした霧を吹く　⑤冷風＋霧の併用　⑥冷水に浸ける　⑦氷で冷やす
これらを全部試したというのだから、感心するより呆れてしまう。ふつうは扇風機やドライヤーの冷風、団扇などでパタパタと風を送るものなのだが、十文字は霧を吹きかけたり、冷水に浸けたり、氷で冷やしたりした。せっかく上手に煎ったコーヒー豆が台無しになってしまうのでは、と聞いているこっちが心配になってしまう。「感性のバケモノ」をめざす人間は、やはり常人とはちょっとばかり感覚が違うようだ。

十文字によると、煎り豆を急激に冷やすと口当たりがいくぶんとげとげしくなり、味と香りが濃厚になるという。逆にゆっくり冷やすと、口当たりがなめらかになる代わりに、余熱で焙煎がどんどん進行してしまう。

好きな香りは伽羅

冷却法だけでここまで追究する男だ。道具にもやたらこだわっている。手網で焙煎する筆者なんか、焙きあがったらそのままマンションのベランダに出て団扇でパタパタやり、冷えたら新聞紙の上に広げておしまいである。十文字は竹製のザルに空けて専用の扇風機で冷却する。ただのザルではない。佐渡島の西南、小木町というところで作った盆ザルを使っている。小木町は竹製品の産地として一〇〇年の歴史がある町で、調理用の盆ザルや茶道華道の花籠などで評判が高い。

「強度とか形、重さがちょうどよくて使いやすいんだ。佐渡へは定期的に撮影で訪れているから、その際にザルも忘れずに買ってくる」

という十文字。今は計六つのザルを使い分けているというが、冷却用のザルにここまでこだわる人間にはあまりお目にかかったことがない。

「いや、ザルだけじゃない。刷毛《はけ》にもそれなりの蘊蓄《うんちく》があるんだ」

十文字が苦笑いしながら合いの手を入れた。チャフ（薄皮）などを払う刷毛のことだが、京都三条の「内藤商店」の刷毛でないとだめなのだという。内藤商店は文政元年（一八一八年）創業という老舗《しにせ》で、棕櫚《しゅろ》の箒《ほうき》やたわしを扱っている。ザルだとか刷毛なんて、家の近くのホームセンターで買えばいいじゃないか、なんてつい考えてしまいがちだが、長く愛せる美しい道具となると、それなりの店で買い求めたほうが正解のようだ。焙煎に真摯に向き合っている十文字にとって、たとえザルや刷毛であっても、決してないがしろにはしたくない。弘法筆を択《えら》ばずというが、十文字はムキになって筆を択んでいる。

十文字の焙煎は一回に三〇分くらい時間をかける。一キロ用の手廻しロースターに投入する生豆は八一五グラム。何度も実験を積み重ねたのだろう、この分量が理想的なものなのだという。煎りあがったコーヒーは数日置いてから飲む。

「理想的には四日置いて飲むのが一番かな。こなれた味になるんです」

冷却法をあれほど試みた男だ、味がこなれ、うまみが増す潮時というものを、おそらく丹念に調べ上げたのではないか。十文字は自分の性格をこんなふうに評す。

「好奇心旺盛で、何事にもこだわるタイプ。昔から香りというものに興味があって、香道にも少しばかり手を染めた。好きな香りは伽羅《きゃら》。香道で知らぬうちに鍛えられたのか、人一倍嗅覚が発達しているような気がする。実はコーヒーも香りから入った。エチオピア・イルガチェフという香り高い豆が好きで、今でも一番好きなんだ」

奥方に言わせると、こうした好き嫌いのハッキリした性格が写真家にピッタリで、「まさに天職ね」とよく褒めてくれるそうだ。

　であるならば、抽出も人並み以上の凝り様なのだろうな、と思いきや、

「抽出はペーパードリップです」

　と、これまたあっさりした答え。「大坊珈琲店」に憧れ、自分で型紙を作って（奥方が）片毛のネルを縫っていたものだが、しばらく後、あっさりペーパーに宗旨替えしたという。

　理由は？

「めんどうだから……」

　なんと、終始一貫してすべての工程に執拗《しつよう》なこだわりを見せているわけではなかったのだ。

　この〝いい加減さ〟に触れて、凡骨の身である筆者は一安心するとともに、グッと親しみを感じた。「感性のバケモノ」でありたいとする十文字美信という男の魅力が、いや増したような気がしたのだ。

小山伸二の場合

詩人が作るコーヒー

小山《おやま》伸二には肩書がいっぱいある。

大阪あべの辻調理師専門学校・企画部メディアプロデューサーというのがまずベースにあって、他に立教大学観光学部兼任講師、日本コーヒー文化学会常任理事、食生活ジャーナリストの会副代表幹事、「書肆《しょし》梓《あずさ》」代表、そして詩人……名刺に全部書いたら、はみ出してしまいそうだ。

小山は詩人だという。ふつう名刺の肩書に詩人とか哲学者と書くものはあまりいない。《詩人は職業ではない。生き方であり決意表明みたいなものだからだ》

むかし読んだ本にそんなふうなことが書いてあった。ところが小山は、

「逃げも隠れもしない、ボクは詩人です。名刺にもそう書きたい」

悪びれずにこう言う。その心意気や良し。筆者も詩人と謳った小山の名刺がぜひ欲しい。

小山は昨年八月、自ら経営する出版社「書肆梓」から新刊を出した。書肆梓は私家版の詩集を出すために設立した小さな版元だ。詩集ならすでに何冊も出しているのだが、今回の本はコーヒーの歴史や文化、世界中からひろったコーヒーにまつわるさまざまな詩が渾然一体となった浩瀚の書で、タイトルが『コーヒーについてぼくと詩が語ること』というもの。そ

の冒頭にはこんな一条がある。

《ここだけの話だけど、これはとても風変わりな本です……》

読後感を正直に書くと、たしかに風変わりな本だった。が、こう前置きした著者も相当風変わりな男で、ここだけの話だけど、とても風変わりな男が飛びきり風変わりな本を書いた、といったところだろうか。

やけに馴れ馴れしい物言いだな、と読者諸賢は戸惑われるかもしれない。実は小山とはまんざら知らない仲ではないのだ。机こそ並べなかったが、かつては同じ会社の禄を食んだ同僚で、筆者のほうが四〜五年先輩である。会社は「食」関連の総合出版社で、筆者は雑誌編集部、小山は書籍担当の部署にいた。建物が別棟だったもので、顔を合わせる機会はあまりなかったが、書籍部に変わった男が入ったぞ、という噂はかねてより耳にしていた。が、「書籍部は変わり者の巣窟《そうくつ》だから、あまり近づかないほうがいいぞ」というのが先輩たちの教えだったもので、また一人増えたか、くらいな感じで格別驚きもしなかった。

冗談はさておき、小山が本格的にコーヒーと関わりを持ったのは『blend』という雑誌の編集に関わった時からだろう。この雑誌は雑誌編集部ではなく書籍部の作った一般向けの雑誌で、小山の言葉を引用すると、《コーヒーを楽しみ、コーヒーを遊び、コーヒーを通して世界を語ることをコンセプトにした、一種のカルチャーマガジンだった》。

正直に言おう。筆者はこの雑誌を手に取った時、新鮮な驚きを感じた。それと漠たる敗北感。「やられた……」と思った。雑誌編集部は飲食店をいかに繁盛させるかが各雑誌のメインテーマであったから、企画といえば繁盛店のルポばかり。一方、書籍部にはそうした制約がないため、コーヒーの歴史や文化、広く映画や小説などからもネタをひろうことができた。

おまけに誌面で素人向けに手網焙煎なども指南している。まさに時代の先駆けみたいな雑誌だったのである。小山は全国の自家焙煎店を取材して回った。そこで感得したのは、コーヒーの味を決定づけるのは焙煎で、焙煎が何より重要だということだった。で、自分で焙かねば話にならぬ、とばかりに手網焙煎に挑戦。爾来《じらい》四〇年、コーヒーを飽かずに焙き続けているのである。

小山の自宅は国立市の閑静な住宅街の一角にある。築七年の家を買い、二回リフォーム。レンガ造りの瀟洒な家である。庭にはウッドデッキの縁台がせり出していて、その奥に犬小屋みたいな納戸があった。小柄な小山が夜な夜なひき籠って詩興を呼び覚ます場所に見えなくもないが、やおら小屋の中から何やら引っ張り出してきた。焙煎機である。「カフェ・バッハ」の田口護から二五年前に譲り受けた直火式の一キロ釜だ。

「焙煎は雑誌の取材をする中で自然と学びましたね。門前の小僧なんとやらで、最初は手網からスタートし、七〜八年やったでしょうか。独身の頃はムキになって焙いてました。登山とかスキーに、手網とコンロを持ち込み、名人さながらに焙煎すると、仲間たちは驚き喝采してくれる。で、ますます得意になってガンガン焙く。おまけに山の湧き水で淹れたコーヒ

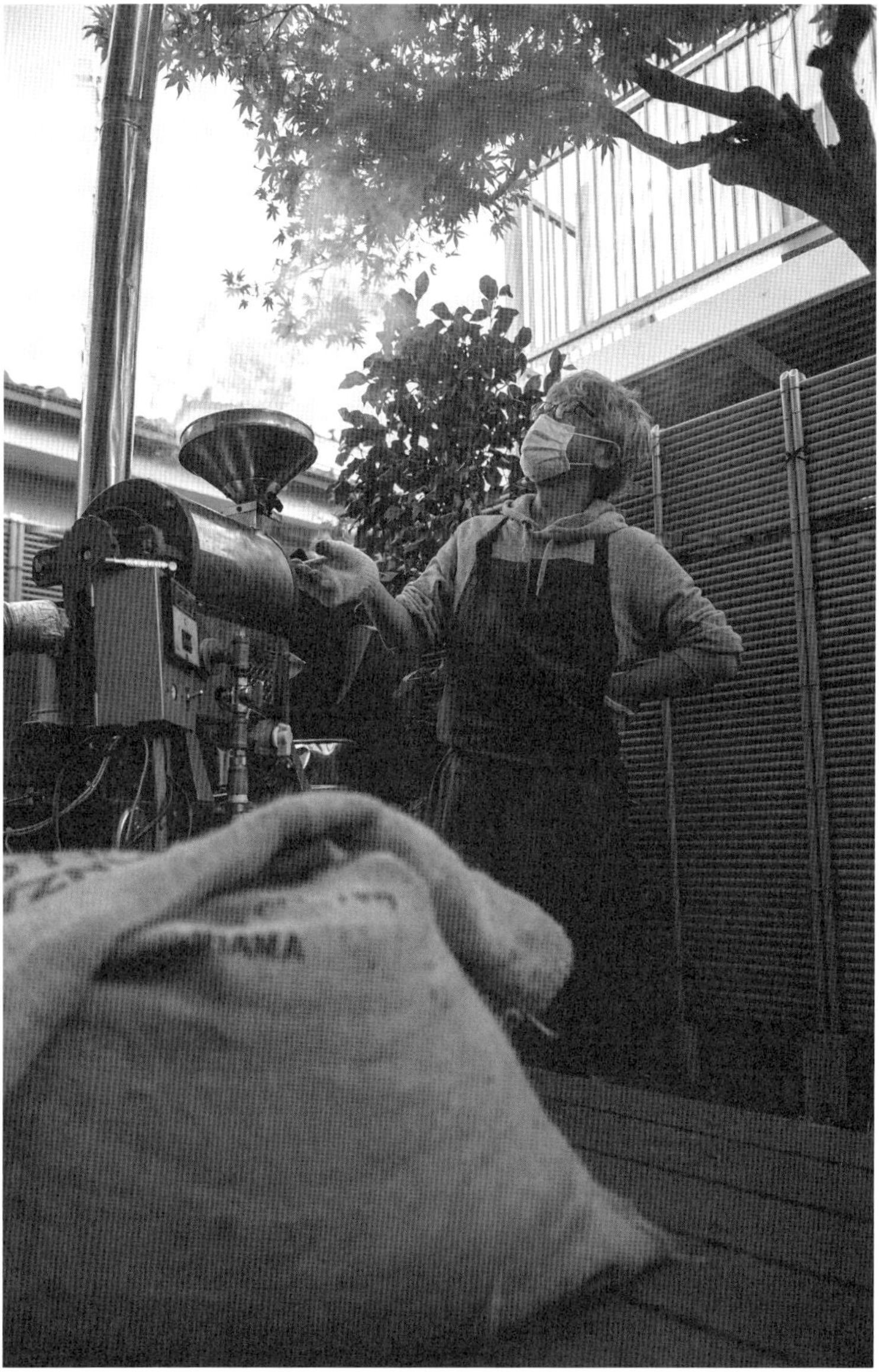

ーですからね、格別においしくて……」

　或る者は焚火焙煎に凝っていて、それも古代人のようにキリモミ式で火を熾し、手網で焙煎している。究極のアウトドアライフ、という感じだが、詳しきは別稿で触れている。さて、手網で修業を積んだ小山は、次いで手廻しロースターへとステップアップしてゆく。南青山の「大坊珈琲店」で使っていたものと同じタイプで、五〇〇グラム用のサンプルロースターだった。

「手網から手廻し、そして今は昔ながらの焙煎機でコーヒーを煎っている。火力は最大で、最後までその火力で通す。かなり深くまで焙き込むから、煎り上がりまで二五〜二八分くらいかかるかな。これ、かなり昔のロースターだから、釜の中の温度とかをうまく調節できないんです。でもけっこううまく焙けますよ。生豆は八〇〇グラム入れて、煎り上がりが六五〇グラム前後ってとこかしら」

　小山は最近の浅煎りコーヒーのブームには否定的だ。高級な豆を使っているのに、いや高級な豆だからこそなのか、並べてみな浅煎りにシフトしている。

「高級なスペシャルティコーヒーは強い酸味を持っている。その酸味と香りを生かすには浅煎りしかない――若い焙煎士たちはみなこう思い込んでしまっている。深煎りに挑戦しなくなってきているんだ。深く煎ってこそコーヒーの奥の院まで到達できるのにね、その手前で腰折れになってしまう。これって憂うべき状況だと思うよ」

この深く煎ったコーヒー豆を粗挽きにし、ネルドリップで点滴抽出する。「大坊珈琲店」の影響ももちろんあるが、深煎りの魅力と奥深さを思い知らせてくれたのは、取材で知った銀座「カフェ・ド・ランブル」と吉祥寺「もか」だった。

「一口飲んだ時の衝撃は大きかったですね。〝翁〟の高橋さんの蕎麦を初めて口にした時の衝撃と同じくらいでしたよ」

高橋というのは〝蕎麦打ちの神様〟と称される「翁」の高橋邦弘のこと。いまは山梨の長坂に本店を移してしまったが、東京の南長崎に店を構えていた頃は、筆者もちょくちょく足を運んだものだ。小山の言うとおり、初めて口にした時の衝撃は大きかった。小山はこの「ランブル」と「もか」、あるいは「大坊珈琲店」における衝撃的な体験によって、深煎りの世界にどっぷりハマってしまったのである。

「手網で一〇キロ焙けといわれたら、焙けないこともないだろうけど、味の再現性という点ではムリでしょうね。平均的に焙けませんから。でも、二〇〇グラムの生豆を渾身の力を込めて焙いたら相当なレベルにまで行くと思う。とにかく〝排気〟に関しては手網に敵うものはない。上下左右が開けっぱなしなのだから。よく言われる〝蒸し状態〟は作れないかもしれないけど、果たしてその〝蒸し〟がほんとうに必要なものなのかどうか。ボクは十分怪しいものだと思っている。焙煎名人たちは豆を膨らませるためには〝蒸し〟が必要っていうけど、あれって、ほんとうに根拠があるのかしら……」

同じ豆をしつこく焙け

小山伸二。昭和三三年八月、鹿児島の東端、海沿いの町、志布志町に生まれる。実家は現在、大隅半島のまん中あたりの鹿屋市にある。実家には四つ違いの兄がいて、家の一部を改装して小さなカフェを経営している。「マドリッド・カフェ」という店だ。

「兄は以前は編集プロダクションをやっていて、しょっちゅうスペインのマドリッドへ出張していたんです。で、スペイン大好き人間になって、しまいには自前のカフェを開くことに。豆は高校時代の同級生がやっている鹿児島市の〝珈琲いづみ〟から取り寄せています。兄は自分で焙煎したがっているんですが、いづみの焙煎豆は相当レベルが高いですからね、その豆を使い、ネルドリップで落としています」

この「いづみ」というお店、かつて鹿児島市内にあった「ライムライト」という店の創業者が経営する店だという。同店を人手に譲って、一度コーヒー業界から身を引くが、復帰して「いづみ」を開店、同級生というよしみもあって、コーヒー豆の取引きを続けているのである。この「いづみ」の店主は、福岡の名店「珈琲美美」の故・森光宗男に私淑した男。ということは吉祥寺「もか」の店主・標交紀の孫弟子に当たる、ということになる。焙煎機は森光から譲り受けたものらしく、遠赤外線を使った改造型のロースターだという。

小山自身が「もか」の標のコーヒーに度肝を抜かれ、実兄がまた「もか」の流れを汲むコ

ーヒー豆を使っている。偶然とはいえ、なにか不思議なえにしを感じてしまうのは筆者だけだろうか。

さて小山の焙煎に話を戻すが、小山は近頃ペルー産の豆ばかり焙いている。手元にあるのはペルー・エスペランサ&ロメリージョという豆で、一袋が三〇キロ。生豆の仕入れ先はアタカ通商だ。同社は主にブルマンとハワイコナを扱っていて、それ以外に世界六十余カ国からスペシャルティコーヒーを中心に輸入している。小山とアタカ通商との出会いは、コーヒー文化学会において。アタカ通商の取締役である上吉原和典は、小山と同じ、同学会の常任理事なのだ。

「日本コーヒー文化学会は会員数が二〇〇人くらいで、上吉原さんとはそこで知り合った。あの学会の中では、ガチで変なことを言っても、まず浮くことはないですね。だってみんな変人ばかりなんだもん」

変物の小山が呆れるくらいだから、相当なツワモノが集まっているのだろう。筆者も何人か会員を知っているが、たしかに小山の言うとおりで、「コーヒー馬鹿」と呼べそうな人たちが佃煮《つくだに》にするくらい蝟集《いしゅう》している。

さてこのペルーの豆だが、小さな農園のシングルオリジンで、海外に輸出するのは初めてだという。アタカ通商が輸入するスペシャルティコーヒーは、そのほとんどが少量生産の農園から引いている。上吉原に小山の使っているコーヒー豆について訊いてみたら、

「この豆は隣接しているエスペランサ農園とロメリージョ農園の合作で、品種的にはティピカ、ブルボン、カトゥーラが混じっています。シェードツリーの下で栽培された樹で、丁寧に手摘みされアフリカンベッドで天日干しされています。小山さんがこの豆を気に入ったというのは、かなりイメージ的なものがあるんじゃないかしら。オーガニックだし、栽培しているのは先住民系の人たち。小山さんの心に強く訴えるものがあったんだと思います」

小山はアタカ通商と取引する前は、別の商社からペルーを取っていた。有名なペルー・チャンチャマイヨだ。アンデス山脈の東斜面にある主要な栽培地区の名前だが、小山も筆者と同じく、「カフェ・バッハ」でその風変わりな名を知ったのではあるまいか。この豆はタイプからすれば浅煎りが適当なのだけれど、「バッハ」はそれをフレンチまでもっていった。これが断然客に受けたのである。筆者も「バッハ」のカウンターに座ると、反射的に「ペルー・チャンチャマイヨをください」と叫んでしまったものだ。「ペルー＝深煎り」とする公式は、筆者の中でもすでに動かしがたいものになっている。

小山は言う。焙煎の何たるかを知りたければ、まずは同じ豆をしつこいくらいに何度も焙けと。初心者は特にそうすべきで、同じロットの豆を繰り返し焙き続ける。そうすると、焙き方を少し変えた時、その違いや焙煎工程の中の位置がすぐ分かる。同じコンディションのものでなければ違いが分からない、というのは、考えてみればごく自明のことだ。

小山はコーヒーの焙煎を心底楽しんでいるように見える。焙煎は午前中にやっていて、イベントなどがある場合は何バッチも焙煎する。午前中にやるのは煙の具合が見やすいからだという。そういえば鎌倉の十文字美信も煙のことを言っていたっけ。最初は白い煙が出てきて、次に黄色に変わり、次いで赤、茶、黒へと変化してゆく。焙煎名人たちは釜の中の音と煙の色で豆の煎り具合が分かる、なんてよく言うが、煙の色にも神経を尖らせなくてはいけないのだから、なかなかどうして焙煎というのは一筋縄ではゆかないものだ。

そんな思いを抱きながら改めて訊いてみた。焙煎の面白さって何でしょう？

「一番の面白さは自分の味が作れるってことじゃないかしら。紅茶だとそうはゆかない。ボクたちの手に渡った時はすでにブレンドされていますからね。自己裁量が利くところは抽出という工程しか残されていない。でもコーヒーは違う。コーヒーの味をほとんど決定するという焙煎工程に参画できる。これが大きい。ボクは庭にコーヒーの樹も植えてあって、これが収穫できて、その豆を使って焙煎できればパーフェクトなんだけど、それはちょっとムリ（笑）。いずれにしろ、コーヒーの焙煎には決定的な味づくりに参加できるという魅力がある。コーヒー好きであれば、一度は焙煎に手を染めてほしいですね」

そういえば、小山は自分の焙煎した豆を持参して、大坊勝次の家まで押しかけたことがある。深煎りの、それも炭化寸前までもってゆき、ほのかな甘味を感じさせる大坊のコーヒー。焙煎を志す者の多くは、あのまったりした大坊のコーヒーを遥かな目標に定めるというが、小山もその一人で、わざわざ渋谷区の自宅にまでお邪魔し、自分の焙いた豆の評価を求めた。

もちろんお世辞抜きの。大坊は「ウーン」と一声唸り、いつもの調子で、一語一語噛みしめるようにこう言った。

「完全にボクと同じ世界だよね……．深煎りでも、みなここまで深くはしない」

小山はこの言葉を聞いて、心の中で快哉《かいさい》を叫んだ。（大坊さんと同じ世界で焙煎しているんだ……ムキになって深煎りをやってきて、ほんとうによかった）と。

小山は三〇歳で出版社を辞め、大阪あべの辻調理師専門学校に転職する。当時はまだ校長の辻静雄も健在で、小山は辻のカバン持ちみたいな仕事を何年かやった。辻静雄は元大阪読売新聞社の社会部記者で、昭和三五年に上記の調理師学校を設立している。世界中をくまなく食べ歩いた食通で、フランス料理の研究と普及に尽力したことに対し、フランス政府よりM・O・F（フランス国家最優秀職人章）を日本人として初めて受章している。

筆者も辻の本はよく読んだ。酒がまったくダメなのに浩瀚な『ワインの本』（新潮文庫）を著してしまうのだからすごい男だ。『料理に「究極」なし』（文春文庫）は筆者の愛読書の一つで、久しぶりに手に取ったら、どのページにも傍線と書き込みがしてあった。それだけ夢中になって読んだのだろう。新聞記者上がりだけあって、文章はお手のもの、時に江戸っ子を思わせるざっかけない語り口が出てくるのは、東京は本郷の生まれだからか。文中から少し引用すると、

《料理の技術というのは、つくる人間の切磋琢磨だけでは絶対にブラッシュアップできない

ということ。客にうるさいのがいてこそ、ということは、金持ちがいてこそ料理の技術は飛躍するのだ。金持ちが「お前のところより向こうの方がいいぞ」というから、こんちくしょうと思ってよくなるのだ。つまり、料理は都市文明の産物だということである》

なんとも威勢のいい文章ではないか。辻はよくこう言っていたという。「料理を勉強するということは、歴史を勉強することだ」と。小山が大学の教壇に立ち、食文化を通して人類の歴史を考えさせたり、経済格差問題や持続可能な社会とは何かといった問題を学生たちに熱く語りかけるのは、辻静雄の影響なのかもしれない。

多文化共生の未来を作る

小山はいわゆる「○×式」のテストはやらない。その代わりテーマを与えて論文を書かせる。同僚の先生たちは「やめたほうがいい、絶対後悔するから」と思い留まらせようとしたが、ムダだった。

「ポリシーとして〝答えのない授業〟をやっているのだから、○×式はやらない」

こうなると、石のように頑固なのである。で、「生まれて初めて三〇〇人からの論文を読んだ」と小山。読み終えて採点するのに一カ月かかったという。さぞ疲労困憊しただろうに、愚痴ひとつこぼさない。相当な意地っ張りである。

「ボクの講義を聴いてくれる学生たちは、ボクの授業に対して大枚を払っている。少なくともギャラをいただいている以上、精一杯やろうと。いい加減な気持ちでやったら、バチが当たりますから」

小山はしばしば授業にゲストを呼ぶ。ゲストに話させて、あとはほったらかしというのではない。一緒になって議論を盛り上げる。かつてこんな授業も行った。テーマは『3・11のガストロノミーについて』。東日本大震災で大変辛い思いをした料理人二人を福島のいわき市から招《よ》び、「ガストロノミー（美食）って何？」「おいしいって何？」について議論してもらったのだ。学生たちには大いなる刺激になった、と小山は言う。

「コーヒーを生産している貧しい国と、消費する豊かな国。この両方をつなげるのがコーヒーで、コーヒーを通して多文化共生の未来が作れるのではないか。人類は民族や宗教の違いで反目し合うことがあるが、その昔はこうだったのだよと、オリジンみたいな話をしてやると、学生たちは興味深そうに聴いてくれる。話の触媒は何だっていい。ボクはたまたまコーヒーを介しているだけですから」

そのコーヒーも、いったいいつまで飲めるものなのか。コーヒーの業界では今、「二〇五〇年問題」というのが話題になっている。地球温暖化がこのままのペースで進んでゆけば、標高の高い寒冷地で育つアラビカ種が穫れなくなってしまうのではないか。われわれはロブスタ種ばかり飲まされるのではないか……。簡単に言ってしまうと、こういう問題である。

先ほど登場したアタカ通商の上吉原に訊いたところ、

「地球温暖化でアラビカ種がなくなってしまうのでは、とよく訊かれるのですが、私は大丈夫と答えてます。高温に耐え、病虫害にも強いアラビカ種がきっと出てきますから。たとえば中米では〝カシオペア〟というF1ハイブリッド種が誕生しています。カトゥーラ種とエチオピア在来種を人工交配させた品種ですが、収穫量が多く、すばらしい風味を宿しています。ただ病虫害への耐性がいま一つでしょうか。風味特性は非常に優れています。それと、みなロブスタをバカにしますが、どんどん改良されていて、〝インド・カーピ・ロイヤル〟というロブスタは単品で十分飲めます。ブルボンやティピカといったアラビカ種は温暖化に弱いでしょうが、カトゥーラと掛け合わせたりすればカチモールみたいに強くなって、生き残れるかもしれません。人類はいざとなれば知恵を出し合って最強のコーヒー豆を作り出しますから、私はそれほど心配していません」

なんとも心強い発言ではないか。実際、「ここだけの話」だが、ハワイで大粒のマラゴジッペとモカを掛け合わせた「モマ」という品種が近くデビューするかもしれない、と上吉原は教えてくれた。モマ……ちょっと言いにくい名前だが、いったいどんな豆なのだろう、楽しみである。

さて、ようやく小山の三回目の焙煎が終わった。八〇〇グラムの生豆を投入し、煎り上がりの重量は一回目が六五〇グラム、二回目が六一〇グラム、三回目が六四〇グラムだった。

「水分の抜けが悪かったかなァ……」

小山がやや不満そうに呟いた。予想と少し違ったらしい。この旧式の焙煎機、一バッチごとにチャフの掃除をしなくてはならない。これがけっこう大変そうだが、これも人間修養と観念しているのか、小山は黙々とこなしている。最新式のロースターは自動でチャフを吸い取ってくれるらしいが、アナログ人間を自認する小山はこの焙煎機で十分だという。

小山は生豆を水洗いしたりしない。「あんなもの、意味がない」と切り捨てる。水溶性の大事な成分が抜けていってしまうかもしれないし、湿気を与えれば焙きにくくなってしまう。せっかく乾燥させているのに、水洗いしたら意味がないではないか、とこう言うのである。理詰めで考える男だから、理屈に合わないムダなことはやらないのだ。また、欠点豆などのハンドピックもやらない。小山が取り寄せている高級豆のクラスになると、そもそも欠点豆がほとんどない。「ハンドピックは見た目をよくするだけでしょ」とこれまた無慈悲に切り捨てる。

小山はネルドリップで抽出する。グラニュー糖よりやや粗い挽き方で、湯温は八〇℃くらい。粉の全体に湯がゆきわたるまでは、抽出液が一滴も下に落ちない、というのが理想だという。ついでに小山は、大坊勝次みたいな抽出法を面白おかしく伝授してくれた。

「湯温は八〇℃前後がいいですね。沸騰した湯に差し水をすると、経験的に八〇℃前後になる。その湯をスプーンですくっては、上からポタポタ滴らすんです。そうすると大坊さんの味になる……ってことはないか（笑）」

小山の深煎りコーヒーはなかなかのものだ。深いけれど味わいがスッキリしている。正直に褒めたら、「でもカアチャンは飲んでくれないのよ。ふつうのコーヒーがいいって」と、途端にヒソヒソ声に。夫婦の力関係が見えるようだった。幸いお嬢さんがおいしいと言って飲んでくれるそうだ。『子はかすがい』とはよく言ったものである。

鳥目散帰山人の場合

コーヒー悪魔の辞典

鳥目《トリメ》散帰《チルキ》山人《サンジン》（ハンドルネーム）は、インターネット上に『帰山人の珈琲漫考』という人気ブログを連載している。ある時、筆者が「〝漫考〟というタイトルですが、もう少しどうにかなりませんか？」とからかい気味に呟いたら、すぐさま「姉妹編は『珈琲珍考』にするつもり」と切り返してきた。こういう毒のある頓智頓才が帰山人の身上で、彼の毒牙にかかると、つまらぬことに勿体をつけたがる権威主義者たちはひとたまりもない。

帰山人は自らを〝無類の珈琲狂〟と称し、「日本珈琲狂会」と「日本コモディティコーヒー協会」を主宰している。もちろん「全日本コーヒー協会」と「日本スペシャルティコーヒー協会」の両方をおちゃらかすために立ち上げたものだ。片や〝ホンモノ〟で、こなた〝ニセモノ〟。が、どっちの側がまともな活動をしているかというと、奥深いコーヒー文化の振起振興という面では、やはり〝ホンモノ〟に分がありそうだが、一般受けという面では、お役所的でお堅い〝ホンモノの協会〟より砕けっぱなしの〝狂会〟のほうにいささか分がありそうな気がしないでもない。

ところで『珈琲漫考』の中には、「コーヒー悪魔の辞典」という項目がある。アンブローズ・ビアスを気取って『悪魔の辞典』のコーヒー版を企てたのだ。その中の一項に「日本コーヒー文化学会」というのがある。帰山人はもとより、コーヒー業界の主だったものが会員になっている組織である。その解説の一部はこうだ。

《(略) 学術深耕派と衆愚教化派と商魂宣伝派に分かれた理事たちが小競り合いを続ける団体》

などと書かれている。こんなことを言っちゃうと、学会から爪はじきにされるのでは、とこちらが心配するようなことを平気で書いてしまう。またカッピングをする人間をカッパーと呼ぶが、この「カッパー」についてはこんなふうだ。

《(略) カッパーを名乗る人は増加している。国際審査員を気取っても内心自信が無い「陸に上がったカッパー」は「屁のカッパー」であり、彼らの評価を唯々諾々として(引用者

注・ありがたがり）売られる「カッパーの川流れ」品も増加していると思われる》

もうクソ味噌だが、クソついでに「コピ・ルアク」も紹介する。幻のコーヒーと称されるこのコピ・ルアクはジャコウネコの糞と一緒に排出された未消化のコーヒー豆のことで、コピとはインドネシア語でコーヒーのこと。この高価で稀少価値の高いコーヒーを、帰山人は〝クソッタレな〟コーヒーと切り捨てる。まったくもってそのとおりなのだが、「クソッタレなコーヒー」では愛想も小想もない。まさに「珈琲狂会」代表の手になる悪魔の辞典なのだ。

今回、かの『珈琲漫考』を一〇年分くらい流し読みしてみたのだが、書きも書いたり、よくもまあ〝たかがコーヒー〟で、これだけ縦横無尽に書きまくったものだ、と改めて感心した。筆者（帰山人は〝労師〟などと呼ぶ）も時々登場させてもらっているが、これまた辛辣《しんらつ》そのもので、思わず笑ってしまう。たとえば『コーヒー　おいしさの方程式』という本に関わった「（カフェ・バッハの）田口護＝理性派の左翼、（『コーヒーの科学』の著者）旦部幸博＝知性派の中道、（そして労師こと）嶋中労＝野性派の右翼」などという具合だ。この遠慮のない人物評、筆者はフムフムと納得してしまった。

九九パーセントがコーヒー

鳥目散帰山人。何やらうがい薬みたいな雅号だが、カフェインの異名らしく、知性派である旦部幸博のブログ『百珈苑』によると、

《カフェイン（caffeine）は、コーヒーを代表する成分としてもっとも有名なものです。カフェインは、メチルキサンチン類と呼ばれる化合物群に属するアルカロイドの一種……》などとある。またウィキペディアによると、キサンチン類は気管支喘息の発作時の対症薬として用いられる、ともある。実はこの帰山人、子供の頃は重度の喘息持ちだった。

「医者から生まれつきの虚弱体質と言われたらしく、二歳の時に喘息発作で死にかかったと聞いてます。で、麻《ま》杏甘石湯《きょうかんせきとう》という苦い漢方薬を服まされ続けた。これがまた苦いんです。（笑）。たぶん、この薬のおかげで苦味に強くなったのだと思います。子供心にも、コーヒーのブラックが少しも苦くなかったですからね（笑）」

山岳トレイルランニングで鍛えあげた筋肉質の身体を見ると、幼少期に虚弱体質だったなんて想像もできないが、小学校の体育の時間に、プールにも入れなかったというから、さぞ悔《くや》しかったであろう。なかなかどうして苦労人なのである。

帰山人こと池ヶ谷靖は昭和三九年二月、静岡県島田市に生まれた。静岡大学人文学部人文学科で古代史を専攻したというから、國學院大學の史学科を出ている「バッハ」の田口と気が合うのも分かるような気がする。大学卒業後は名古屋に出て「リクルート」に就職、以後、不動産関係の仕事に就いていたが、二〇二〇年に仕事の一線から身を引き、今は「無職」だという。といっても、自分で焙煎したコーヒー豆をネット上で通信販売したりしているので、完全なる無職とはいえまい。

結婚したのは二六歳の時。その時のエピソードが面白い。帰山人は勤めていた職場で風疹に感染、自宅療養を余儀なくされた。当時、交際相手だった女性がタクシーを飛ばして彼のアパートへ見舞いに行きドアを開けたら、四〇℃近い高熱を発し、全身が湿疹だらけの帰山人が、なんと素っ裸で台所に立っている。何をしていたのかというと、一心不乱になって手網でコーヒーを焙煎していたのである。女性はこの狂気に満ちたシーンを目の当たりにして気が動転したのか、急いでその場を立ち去ったという。この可哀そうな女性こそ、後に帰山人夫人となる貴子なのである。

結婚を約束する際、帰山人は貴子にこう言ったという。

「〝一にコーヒー、二にお前〟だけど、それでもいいのなら結婚してやる」

「ウン」と頷いてしまったのがウンの尽きだったのかどうかは知らない。

帰山人という男はとにかく変わっている。ある種の諧謔《かいぎゃく》趣味と韜晦《とうかい》趣味の持ち主だから、発言を額面どおりに受け取ってしまうと、後でホゾを噛むことにもなりかねない。そうならないためには多少の慣れが必要だ。そうはいっても変物であることは確かで、コーヒーの業界には変人が多いと聞くが、帰山人の〝変物度合い〟はちょっとケタが外れている。

帰山人の頭の中身を占めているのは「九九パーセントがコーヒー」だという。話が時に噛み合わなくなるのは道理で、日常会話ではつまらなそうな顔をしているが、話題をコーヒーに振ると、途端に饒舌になる。おそらく、ことコーヒーに関しては帰山人の右に出るものはいないのではないか。書籍はもちろん、コーヒーという言葉がひと言でも使われていたりすると、新聞だろうと雑誌だろうと内外を問わず片っ端から読み漁り、自家薬籠《やくろう》中の物にしてしまう。生半可な学者なんぞが太刀打ちできる相手ではないのだ。

帰山人の評価するコーヒー店は数少ない。もう店を閉めてしまったが、南青山にあった「大坊珈琲店」はその数少ない店の一つだ。今でも大坊勝次とは個人的な付き合いがあり、夫婦で大坊の自宅にお邪魔することもある。その際、帰山人は自分で焙煎した豆を持参し、大坊のご高評を仰ぐのを常としている。大坊による評価は以下のようなものだ。

『見た目はオーバーロースト。飲むと〝ニガマ（苦甘）〟ポイントでしっかり味がある。そして喉越しはスーッと消えてゆく』

なんだかやけに高い評価のように思えるのだが、多少の世辞は差し引いても、なかなかのコーヒーを焙いていますね、とお褒めにあずかっていることは確かなようだ。

帰山人のめざすコーヒーは深煎りの〝ニガマ〟。そのせいか、近頃流行りの浅煎りコーヒーなどにはそっぽを向く。「サードウェーブなどという虚像は不要」とニべもない。そのニガマを目標に焙く愛機は、「富士珈機」の前身である「富士珈琲機械製作所」のカスタムメイドだ。直火式で、大坊と同じ手廻しロースターである。手ずから造ったのは寺本一彦で、寺本は「富士珈琲機械製作所」の創業者であった寺本豊彦の長男である。豊彦は日本のコーヒー焙煎の先駆者と呼ばれる人物だ。

大坊の愛機と異なるのは、釜全体が穴の空いたパンチングメタルで出来ているところだろうか。つまり、もろ直火式なのである。帰山人は骨の髄まで直火式の好きな〝直情径行＋直火式〟のニンゲンなのである。ドラムの周りは鉄板で囲ったほうがいい、と親身になってアドバイスする人は多かったが、帰山人はいっかな耳を貸さなかった。

直火式の焙煎が好きなのは、手網の経験が長かったからだろうか。中学生の頃、手慰みに手網焙煎をはじめたのだという。生豆は新宿のヤマモトコーヒー店から仕入れた。大学生になった時、インポーターのワタルに直接電話、生豆を売ってくれと辞を低くして頼んだが、当然のこと注文の量が少なかったのだろう、まったく相手にされなかった。

帰山人は手網こそが理想の焙煎法だという。手網のような焙煎を手廻しでやりたい、というのがドラムをパンチングメタルにした最大の理由である。「初心者はまず手網からはじめるべし」が帰山人の変わらぬ持論だ。

さて、いよいよ帰山人の焙煎法を間近で見てみよう。筆者とスタッフは名古屋へ飛び、そこから名鉄犬山線に乗り換え、西春という駅に降りた。めざすのは「珈琲倶楽部 如水舎・白山店」だ。帰山人は春日井市に自宅を構えているのだが、今回、焙煎のデモンストレーションは帰山人が懇意にしている「如水舎」で披露してもらうことになっていた。この店ではよく帰山人が座長となってコーヒーの講習会を開くという。〝コーヒークラッチ〟という名の講習会で、そこで焙煎や抽出の実演をするのである。コーヒークラッチというのは〝コーヒーを飲みながらのおしゃべり会〟という意味らしい。

一本焼きの宗家

帰山人といえば「一本焼き」と誰もが言う。東京麻布十番に「浪花家総本店」という「たい焼き」の繁盛店がある。この店のたい焼きは〝一丁焼き〟で知られるが、帰山人のは〝一本焼き〟。どんなふうに焙くのかというと、ハイカロリーのガスコンロの上に手廻しロースターをセットし、火力を決めたら最後までその火力を一定にしたまま焙き切る。何も触らず、サシ（テストスプーン）も抜かない。ハゼる音、擦れる音、ニオイ、ハンドルの重さ、煙の出方などを全身で感じながら煎り止めの時機を判断する。

「一時は目隠しをしたり、ヘッドフォンをつけたり、鼻もふさいだりしました（笑）。五感を一個一個つぶしていったんです。まるで見ざる、聞かざる、言わざるの〝三猿〟を地で行ってました」

と帰山人は笑うが、ここまでやるか、というのを、ごく当たり前のようにやってしまうところが帰山人の帰山人たる所以なのである。

焙煎の会場を提供してくれた「如水舎」の店主・坪内信敬は、もちろん自家焙煎をやっていて、すでに一〇年のキャリアがある。焙煎機はフジローヤルの半熱風式五キロ釜だ。

「火力一定でも間違いなく焙けます。かつては私もいろんなことをやりました。火力をしょっちゅう変えたり、やたらダンパーをいじったり……でも、帰山人さんのアドバイスもあって、さわりまくるのをやめました（笑）。火力と排気のバランスさえよければ、さわる必要がないんです。焙煎初心者はあれもこれもさわるから迷路に入り込んでしまう。今はサシを抜くこともありません」

という坪内は、愛知県内に「如水舎」を三店舗経営。月に二五〇キロほど焙くという。

それでは帰山人が唱える「一本焼き」の極意とやらに迫ってみよう。まず手廻しロースターをコンロにセットしたら、ドラムを空焼きする。ドラム内には二枚の羽根がついている。空焼き時間は、そう、五分くらいだろうか。その間、ストップウォッチを用意し、ヒマつぶしのための新聞雑誌や本を用意しておく。焙きあがるまで何もすることがないから、雑誌でもペラペラめくりながらヒマをつぶすのだそうだ。いや、失礼。ドラムのハンドルを飽かず廻し続けなくてはいけなかった。決してヒマではないのである。が、帰山人は新聞なんぞを眺めながら、つまらなそうな顔をして無造作に左手でハンドルを廻している。「一本焼き」の宗家ともなると、さすがに余裕である。

さて、ドラムが温まったら生豆を投入する。今回はグアテマラを八五〇グラム投入した。帰山人曰く、ふだんは九〇〇グラム〜一キロ入れてしまうそうだ。入れ過ぎでは、と筆者は思ったが、帰山人はまるで意に介さない。実際、一キロの釜に一・一キロくらい入れてしまうこともあるらしい。

生豆を入れてから三分三〇秒ほど経過、早くもチャフが出てきた。六分経過、チャフが景気よく舞っている。ハンドルは二秒ほどで一回転、という感じだろうか。およそ一八分経過。ガスの火が弱いから、焙きがずいぶん遅い。

「なんてったって直火が一番です。何がいいかというと、まずおいしい。そして複雑な味がする。業界の中には直火だと味にムラが出る、半熱風は味がマイルド、なんて唱える人がいますが、たしかにムラは出るかもしれない。否定はしません。でもこのムラのある味が好きなのだからしようがないですよね（笑）」

たしかに、これぱっかりは人それぞれの好みで、ムラのある複雑な味が好きというのだから、誰にも文句はつけられない。つむじ曲がりの居直りでは決してなさそうなのだ。

二〇分経過、一ハゼのお出まし。

二五分経過。

「なかなかハゼが来ないなァ……」

帰山人が呟いている。火力が弱すぎてなかなか二ハゼが来ない。

三〇分経過、ついに二ハゼが来た。

三二分と一〇秒、ようやく煎り止めだ。

さあ、急いで冷却しなくてはならない。帰山人はステンレス製の網にザザーッと煎り豆を空けた。園芸用の土ふるいである。そして庭に出て、サーキュレーターでチャフを落とし冷やす。

「あんまり時間をかけて焙くと芯焦げが起きちゃいます。四〇分も焙いてもっと深煎りにすると、味もそっけもないスカスカの味になってしまう。でもね、この火の上でただグルグル廻しているだけの焙煎機が、焙煎というものの最終形、いや理想形だと思ってます。このシンプル極まりないロースターでもちゃんと焙けるんだという事実を認めてほしいですね。ギーセンだとか、スマートロースターだとか、そうした立派なマシンでなくとも、コーヒーは十分おいしく焙けるんですよ」

帰山人は手廻し名人というわけではない。ふつうの焙煎機も巧みに操ることができる。いつだったか、「日本コーヒー文化学会」の集まりがあり、そこでフジローヤルのディスカバリーという新型焙煎機のデモンストレーションがあった。かの大坊勝次らも参加していたらしいが、「どうぞ焙煎を試してください、どなたでもどうぞ」というので、帰山人も挑戦した。

以下は、帰山人のブログ『珈琲漫考』からの抜粋である。生豆は一三年ほど経った枯れ豆で、パナマのＳＨＢだ。

《都市ガス圧を０・８ｋｐａにして、ダンパーを３・７（ほぼニュートラル）にして、摂氏１９８度で２７５グラム投入して…後は何もしない。勝手に中点となり、１ハゼが始まり、２ハゼが始まり…火力も変えず、ダンパーも動かさず、サシ（スプーン）で豆も見ず…ん、

ココだ、終了。出来はまあまあの「一本焼」。》

と胸を張っている。煎り止めは一八分前後だったか。その判断は、「音と煙と時間と温度」と帰山人。けっこう煎り上がりは上出来だったようで、帰山人のまさに面目躍如たるところであった。

「富士珈機」の福島達男社長は、こんなことを言っている。

「ダンパーを固定して火力変化で調整する技法（いわゆるプロバット方式？）に対して、火力を固定し、ダンパー変化で調整する技法（カフェ・バッハ方式？）がある」と。

一方、帰山人は火力調整もダンパー操作も一切しない。ということは「帰山人方式」は第三の方式ということになるのだろうか。

三三年間の手帳の束

「世界中で誰も言ってないことをブログに書きたい」

と帰山人はおっしゃる。どうせ口を開くのなら人の言わないことを言いたい。それと、

「コーヒー屋として立派なことと、コーヒーを極めることとはまったく別」

とも言う。たしかにそう言われればそうかもしれぬ。

「コーヒーのプロと称する連中を崇《あが》め奉《たてまつ》る気はサラサラないですね。そもそもプロが上でアマが下という見方が大きらいなんです。俺はバリスタだ、コーヒーのスペシャリストだ、な

んてふんぞり返っている連中がいますけど、それほどご大層なものじゃない。シアトル系コーヒーの延長線上にしゃしゃり出てきただけで、スペシャリストでも何でもないんです」と、いやはや手厳しい評価を下している。

帰山人の好きな言葉に「善悪不二《ふに》」と「邪正一如《じゃしょういちにょ》」というのがある。世の中に善も悪もない、正しいことも邪《よこしま》なこともない。みんな同じ。相対主義者の最右翼に位置づけられそうな男であるが、筆者にもそうした気質が少しばかりあるので、全面的に賛成というわけではないが、ただの捻《ひね》くれ者やんか、と一蹴しようとは思わない。

「博覧強記」とか「歩く百科事典」と評されている男だ。底の浅い外国かぶれの目立ちたがり屋が躍り出てくると、すかさず「ＮＯＮ！」を突きつけてやりたくなるのだろう。

博覧強記の帰山人に、例の「二〇五〇年問題」、つまり地球温暖化でアラビカ種のコーヒーが穫れなくなるかもしれない、という問題をストレートにぶつけてみた。

「温暖化によってサビ病が今も拡大傾向にあります。今年（二〇二〇年）のトピックスに、今までゼロだったハワイ州にサビ病が侵入した、というのがあった。マウイ島でサビ病が見つかったのです。ハワイコナもサビ病に感染し、新型コロナと同じようにタチの悪い変異株になってしまうかもしれないですね。日本でも沖縄や小笠原、徳之島などでコーヒーを栽培していますが、サビ病は偏西風に乗ってきますからね。うかうかしてはいられません」

と警鐘を鳴らす。神戸大学などでも、実験的にコーヒーのビニール栽培をやっているそうだが、はてさてどうなることやら。ところで、日本産のコーヒーの味はどんなもの？

「みんな飲みましたが、ハッキリ言ってうまくないですね」

これまたあっけらかんとした厳しいお言葉。〝ニガマ（苦甘）〟好きの帰山人だ、浅煎りの似合う日本産コーヒーでは、少しばかり物足りないのだろう。

さて、今回の取材時に、帰山人は手帳の束を見せてくれた。一九八七～二〇二〇年までつけたという手帳の束である。中を覗かせてもらったら、几帳面な字で焙煎したコーヒー豆の名前などが細かく書かれている。三三年間にもわたって、焙煎活動を飽かず記録する。稀代の照れ屋で、自己韜晦の名人。素直な発言というものがほとんどない男だが、こうした日記なんぞを見せられると、帰山人という人物の別の一面を見るようで大層興味深いものがある。

最後に、これも『漫考』からひろったネタだが、帰山人という変物をよく表している。

時は四年前の一一月一四日、雨降る朝に「父危篤！」の報が入る。

「困ったな。週末に東京の集会で、私がコーヒーを供する約束になっている。だが、まだ焙煎していない」

帰山人は何もなかったかのように独り呟いている。

同日の夕べ、「父死す！」という報せを受け取る。雨はいつの間にかやんでいた。帰山人はその悲しい報せを受けても顔色ひとつ変えず、こんなふうに呟く。

「じゃあ親父を焼く前にコーヒーを焙かねば……」

帰山人は黙々と生豆を取り出して、いつものように自宅の台所でコーヒーを焙煎した。帰山人は自ら〝不信心・無宗教〟と唱えている。

四日後の、二〇一七年一一月一八日、帰山人はこんなふうに書き留めている。

「親父もコーヒーも焼いた。これでいいのだ……」

帰山人はこう書き残すと、何食わぬ顔で一路東京をめざした。

コーヒー関係の講演会などがあると、帰山人はマメに聴講する。しかし、講演者からするとあまり喜ばしいことではない。講演後の質疑応答があると、必ず帰山人は手を挙げ、難問をぶつけては講演者を立ち往生させるからだ。なにしろコーヒーに関することなら、どんな些細なことでも知っている。講演者を困らせることなどわけもないことで、それがこの男の隠微な楽しみの一つなのだから困ってしまう。だから、会場に帰山人の姿が見えないと、講演者たちはみな一様に胸をなでおろすのである。

なにしろ〝コーヒーおたく度〟がTOEICでいえば九九〇点の最高点という男である。そんじょそこらのコーヒー研究家ごときでは、ハナから太刀打ちできっこないのだ。

「コーヒーに生きて、ブログをやってきて、いまは本当によかったと思っています。最高に幸せな人生だと思っています」

いつだったか東京で再会した際に、しみじみこんな感慨をもらしていた。いつもの帰山人らしくもない、ひねりの利いていない呟きだった。が、筆者は素直にこの言葉を受けいれた。

白井了の場合

毎月一日だけ開店

この男も〝コーヒーに憑かれた男〟の典型だろうか。

何ごとにも憑かれたみたいに徹底し、初志を貫こうとする。ではその初志とは何か。コーヒーの生産から抽出までのすべてを知り尽くし、自ら焙煎機を操って理想的なコーヒーの香味を実現すること、である。

白井了。四六歳。埼玉は浦和の生まれで、今は国立市の住宅街の一角で「CRISP《クリスプ》 CLASP《クラスプ》」というコーヒー店をやっている。といっても営業するのは毎月最終週末の一日だけ。開店日のお知らせはインスタグラム上に通知される。

さて白井了という名前だが、実は仮名である。なぜあえて名前を伏せたのか。それにはもちろん理由がある。白井は大手機械メーカーの社員なのだが、その会社は原則「副業」を禁じている。「働き方改革関連法」が施行されたのが二〇一九年の四月。法案の中身にはあいにく組み込まれなかったが、政府は副業・兼業の解禁を奨励している。つまり政府は〝一億総活躍社会〟の実現をめざしていて、多様な働き方を推奨しているのだ。一方、多くの企業はこの問題に対して前向きではあるのだが、業種によってはなかなか首をタテに振らないところもある。「本業に支障をきたすのではないか」とする心配はもちろんだが、「情報漏洩《ろうえい》」という危惧もあるからだ。先端技術を扱っている企業はなおさらである。

白井の場合は、月に一度の営業でそれも休日。しかも本業の機械製造事業とはまったく関係のないコーヒー店の営業である。情報漏洩の心配は一〇〇パーセントない。それに副業といっても、利益はほとんど出ていない。八〇〇万円近い焙煎機への投資と自宅の一階を改装した費用等、初期投資の回収を考えると、現状はとても〝副業〟と呼べる段階ではない。誤解を恐れずに言ってしまうと、今の営業形態は月に一度だけ地元の人たちにおいしいコーヒーをふるまう、といった社会奉仕活動にむしろ近い。そうはいっても、実名を出せば何かの拍子に会社の知るところとなり、白井に迷惑がかかる。だからあえて仮名にしたのだ。

個人的な意見だが、一人の人間が別の顔を持ち多様に生きる、というのはすばらしいことだ。日本のサラリーマンは「企業戦士」などとおだてられ、会社に飼い慣らされたまま半生を過ごす。「勤続疲労（金属疲労のもじり）」を起こし〝社畜〟などと揶揄《やゆ》されながらも、会社のため家族のために必死になって頑張る。しかし今、社畜からの脱却をめざし、副業で稼いだり、趣味に生きようとする新種のサラリーマンの生き方が注目されている。また、現実空間で存在感がなくとも、ネット空間でヒーローになれるという可能性も出てきた。現に、ネット上にはコーヒー名人やカレー名人などがわんさといて、その烈々たる熱情に静かな共感の輪が広がっている。

筆者はひょんなことから白井のコーヒーを知った。娘がたまたま手に入れて、コーヒー好きの両親に飲ませてやろうと、手土産代わりに実家に持ってきてくれたのだ。筆者は一口飲んで唸った。今風の言い方だと「こいつはハンパないレベルだぞ！」となるのだろうか。ベテラン料理記者で筆者以上にコーヒーにうるさい女房は、口に含むなり、「うーん、スッキリしていて雑味がないわね。変な酸味が残ったり、変なニオイがこもったりしてない。表面がキラキラしてるような爽やかさがあるわね」

もう大絶賛である。いったいどんな人物が焙煎しているのだろう。俄然興味が湧いてきた。白井のお店「CRISP　CLASP」は二〇一九年五月に開業した。国立市の第八小学校南側に沿った閑静な住宅街の一角にある。目印は建物の西側に外付けされた黒い煙突。「許されるギリギリの高さまで持ち上げてもらった」というこの煙突、直径が一六センチで高さが一五メートルほどある。白井がこの場所に自宅を構えたのは二〇一五年。当時、立川の社宅住まいだったのだが、休日にはちょくちょく国立市内を散歩していた。そこにたまたま優良な中古の売り物件があったので買い求め、コーヒー店の営業も可能なように新たに建て直したのである。

開業するまでの四年間、いったい何をしていたのかというと、週末は必ず焙煎機の前に黙って立った。自在に使いこなせるようになるまで黙々と練習していたのである。共働きの奥さんは、亭主の夢を実現させるため黙って協力してきた。が、さすがに焙煎機の値段が八〇〇万円近いと聞いた時は目を剝《む》いた。

「ほんとうはコーヒーの栽培もやってみたい、と言い出したかったのだけれど、きっと女房の顔が夜叉に変ずるだろうな、と思ってやめました」

と白井は苦笑い。それでも、いっこうに店を開く気配がない。奥方はイライラして、

「いったいいつ店をはじめるのよ？」

とうとうガマンの限界に達して爆発した。それはそうだろう。高級車が買えるほどの高い買い物をしたけれど、家計の足しになるような活躍をいっこうにしてくれない。四年という歳月を、ただ練習だけに費やすなんて、ちとひどすぎやしませんか？

高級外車並みの値段がする白井の愛機はオランダ・ギーセン社の六キロ釜。この焙煎機メーカー、もともとドイツ・プロバット社の小型釜の下請けをしていた企業なのだが、親会社と袂を分かち、今や世界的な焙煎機メーカーに成長した。ギーセンの焙煎機は鋳物でできているため蓄熱性が高く、豆がふっくらと焙きあがるという。おまけにフルカスタム仕様で、味の調整がすこぶる容易。直火式の味も作れれば、完全熱風の味も作れる。コントロールの幅が広いのだ。

そのためか、コーヒー焙煎の世界大会が開かれると、指定焙煎機は必ずギーセンになる。

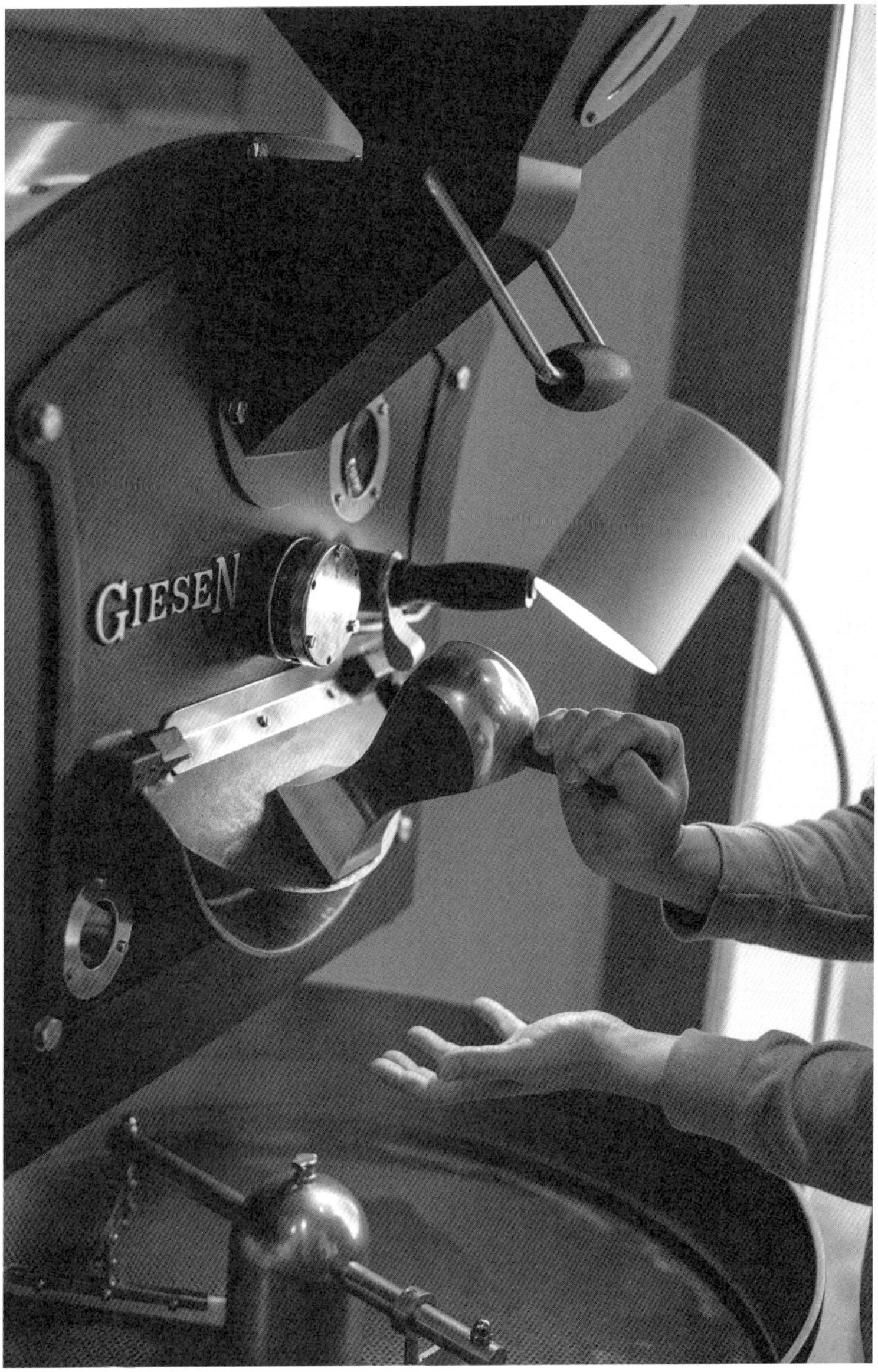
GIESEN

世界各国から集まる焙煎の猛者たちは、全員ギーセンの焙煎機で腕を競い合うのである。ついでに言うと、二〇一三年、フランスで開催された「世界コーヒー焙煎大会」で、福岡「豆香洞コーヒー」の店主・後藤直紀がみごと焙煎士の世界チャンピオンになっている。豆香洞の焙煎機はもちろんギーセンである。

〝コーヒーに疲れた男〟

そもそも白井とコーヒーとの関係はいつ頃から始まったのか。

「両親がコーヒー好きで、無理やり飲まされていた、というのはありますが、衝撃を受けたのは那須高原の山奥にある〝NASU SHOZO CAFE〟ですね。カフェの聖地と呼ばれる有名店で、那須勤務になった時休日はずっと入り浸っていました」

那須に転勤になって一三年、白井はすっかり「SHOZO」の虜になってしまい、通うたんびになぜかカフェオレを注文した。

「てっきり自家焙煎の店だろうと勝手に決め込んでいたんですが、違いました。札幌のもいわ山ロープウェイ麓にある〝斎藤珈琲〟から卸してもらっていたんです。斎藤珈琲はこれまた有名な店で、焙煎豆を道内外に卸しています」

那須勤務があけて東京は青梅事業所に転勤になった時、さっそく東京中のカフェをめぐり歩いた。しかし憧れの「SHOZO」みたいな店は見つからなかった。なければ、自分で

「SHOZO」のような魅力的なカフェを作ってしまおう。白井は本気でそんなことを思った。そんな折、大宮に出かける用事があり、たまたま氷川神社の参道を歩いていたら「熊谷珈琲」という看板が目にとまった。白井はぶらりと、この店のドアを開けた。

店に入ってコーヒーを飲みながら、持参した喫茶学校のパンフレットを眺めていたら、店主が『カフェの学校へ行くんですか？』と親しげに声をかけてきた。事情を説明すると、『だったらボクの店で働いてみませんか』というものだから、とんとん拍子に話がまとまり、週末だけのボランティアで店に入ることになった。

白井もよほどお人好しなのだろう、この週末ボランティア活動は三カ月も続いた。後で知ったのだが、この「熊谷珈琲」はスペシャルティコーヒーを専門に扱う自家焙煎店だった。店内に鎮座ましましていたのはプロバットの一二キロ釜。オーナーから焙煎の手ほどきを受けたうえに、こんなアドバイスももらった。

「将来、会社勤めが終わってカフェに専念する時が来たら、自分で焙煎した豆をいかに売るか、よく考えたほうがいい。軸足をできるだけ早く豆売りに移したほうが経営が安定するんだ。そのためにはある程度容量の大きい焙煎機を選んだほうがいい」

自らコーヒー豆を焙煎すれば、味を調整する際の糊しろが広がる、と白井に向かって店主は熱心に説いた。この店主、かつては「丸山珈琲」に勤めていたという。スペシャルティコーヒーの専門店にしたというのも納得である。

「こんなあんばいですから、私はいきなりプロバットから焙煎の世界に入っちゃったんです。初心者が踏むという手綱とかフライパンの段階をまったく知りません」

コーヒー焙煎はまずは手綱から入るべし、などという法はもちろんない。入口はどこからであろうと、焙煎の本質は変わらないからだ。それでも白井は、まじめで几帳面な性格なのだろう、台東区日本堤は「バッハコーヒー」の「コーヒー自家焙煎店入門セミナー」にも応募し、一〇回ほど通った。「バッハ」のトレーニングセンターで訓練用に使っているのは、「バッハコーヒー」と岡山市の「大和鉄工所」が提携して開発した「マイスター」という半熱風式の焙煎機。煎り止めまで排気量のコントロールを自動化したセミオートの焙煎機で、「バッハコーヒーグループ」の加盟店はほとんどこのマイスターを使っている。

白井のすごいところは、わざわざ岡山の「大和鉄工所」まで足を運び、どんな工程で組み立てられているのか、つぶさに見学してきたところだろう。帰途、大阪は「富士珈機」の工場にも寄って同様の見学をしてきた、というのだから、その熱心さには頭が下がる。白井はコーヒー豆の栽培にも興味があると先述したが、手はじめに国内のコーヒー農園もひと通り見て回っている。本業の会社勤めだけでもお疲れだろうに、休日を利用しては沖縄や小笠原諸島の父島まで遠征したというのだから、好奇心と探求心が並外れて旺盛なのだろう。それに旅費宿泊代だってバカになるまい。さて、日本産のコーヒーの味はどんなものだったのだろう。

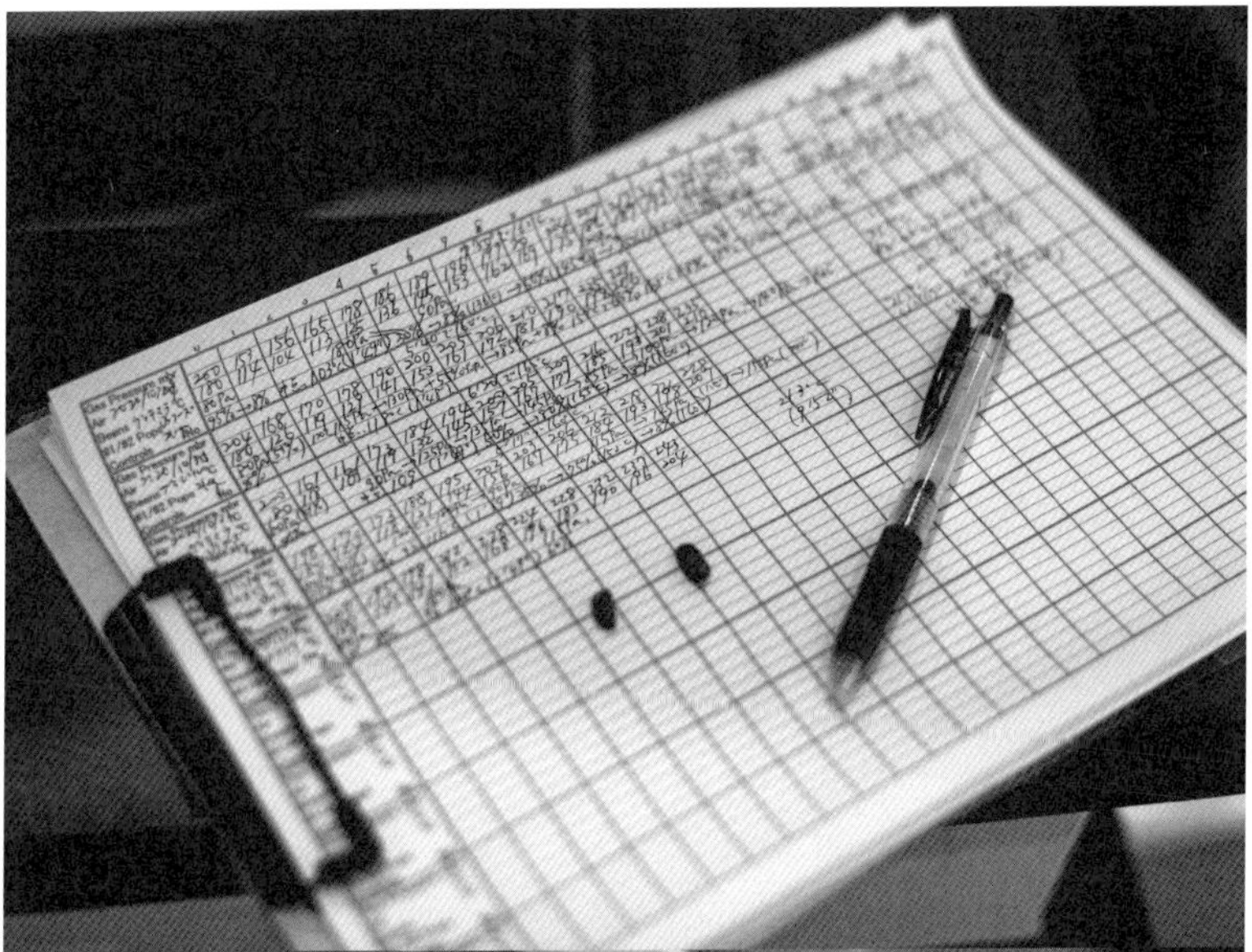

250°C
239°C

「沖縄では爺ちゃん婆ちゃんが民宿も兼ねてコーヒー農園を経営していました。藪の中を分け入っていったら、わずかにコーヒーの樹が。正直、農園というほどのものではなかったですね。煎った豆を飲んでみたら、なんとも薄くてね。お茶っぽい感じ。小笠原のコーヒーもさっぱりした和風だしみたいな味でした。中南米やアフリカの豆と比較すると、個性が弱いというか、ちょっと太刀打ちできないな、という印象でしたね」

白井の話では、父島などでもフルーツ栽培からコーヒー栽培へ転換した農家が多かった、ということで、日本産コーヒーの需要はまんざらでもなさそうなのである。

農園体験は実はこんなものじゃない。店を開業する五年前の一一月、白井はなんとハワイまで押しかけ、ハワイコナの農園に二週間泊まり込んでコーヒー完熟豆のピッキングに汗を流している。ハワイコナの農園で働いてみたいと思ったのか、勤続年数に応じた長期休暇が取得できたのである。ハワイコナの農園で働いてみたいと思ったのは、ある本を読んだからだ。『楽園ハワイでコーヒー農園を始めよう!』（ソシム）という本で、洋子・トリッグスタッドというハワイ在住の女性が書いたものだ。

著者は日本で映画やテレビの製作に携わっていた女性で、三五歳で渡米。アメリカ人の夫とともにコーヒー農園を経営していた。思い立ったが吉日とばかりに、白井は一読するや、すぐさま著者にメールを送った。「そちらの農園で二週間ほど働きたいのですが……」「オーケーよ、歓迎するわ!」。返事はすぐ来た。ハワイ島南部のキャプテンクックという町にめざす農園はあった。農園の広さは、九・五エーカー、つまり七・八ヘクタールということだから、東京ドームのわずか一・六五倍の広さでしかない。至って小さな農園なのである。

しかし、レッドチェリーの手摘みは思った以上に重労働だった。朝早くから夜遅くまで、ほとんど休みなし。ピッキングの最盛期にはメキシコからパートタイムのピッカー（摘み手）たちが助っ人として加わり、枝からコーヒーの果実を丸ごとしごき採ってゆく。完熟していようがいまいがお構いなしだ。もちろん後で完熟した赤い実と未成熟な青い実とを選別はする。のんきに完熟豆だけを摘み取っていたら、いつまで経ってもハカがゆかないからだ。

摘み取った実は農園内のパルパー（果肉除去機）で果肉を取り除き、アフリカンベッドと呼ばれる天日乾燥にかける。乾燥させたコーヒー豆は地元の農協で販売、わずかながらインターネット通販も行っていた。

「最盛期は満足に眠る時間がないくらい忙しかった。コーヒーの実はビニール袋に入れて運ぶんですが、それが予想外に重くて、腰の具合がおかしくなっちゃいそうでした。しかし、自分なりの収穫はあった。川上から川下まで、すなわちコーヒー豆の生産から抽出までの流れが全部分かったことで、結果的にコーヒー豆の一粒一粒を大切にするようになったんです。農園で苦労した分だけコーヒー豆が愛おしくなった、というわけなんでしょうかね」

三食付きだが、二週間無休で働いた白井。〝コーヒーに憑かれた男〟が文字どおり〝コーヒーに疲れた男〟になっちゃった。筆者はジャマイカ島のブルーマウンテンコーヒーを栽培する農園を取材がてら見学したことはあるが、ピッキングの手伝いをしたことはない。白井の話を聞いて、正直、やらなくてよかった、と思っている（笑）。

Qアラビカグレーダー

この男、よほど奥ゆかしい性格なのか、訊かれたことには答えるが、自分から進んで手前味噌を並べたりは決してしない。ハワイまでわざわざ行って、コーヒー農園で働いてくる、なんて誰にでもできることではない。しかし自分から自慢げに話すことは決してしないのだ。白井はまた完璧主義者でもある。店を開業する一年前の五月、連休を利用してQアラビカグレーダーの資格を取るための合宿講習にも参加している。

Qアラビカグレーダーとは何か。Qはquality（品質）のことで、アラビカ種のコーヒーのグレードを正しく評価できる人、すなわち国際的なコーヒー鑑定士の資格をいう。この資格を取るためには、SCAA（米国スペシャルティコーヒー協会）の定めた基準・手順に則ってコーヒーの評価ができなくてはならない。評価できる人、とCQI（コーヒー品質研究所）が認定すると、晴れてQグレーダーの資格が得られるのである。この資格を持った技能者は世界で四〇〇〇人強、日本ではおよそ三三〇人が取得している。白井はその稀少な技能者の一人なのである。

「試験は超難関でしたね。普段の合格率は一〇パーセントくらいで、今回一〇人受けたんですが、一発合格したのは二人だけ。私は追試を受けてようやく受かりました。試験の中身ですか？　そう、たとえばアフリカの豆とか中南米の豆を香りと味だけでどこの国のコーヒー、と当てなくてはいけない。それと香りもジャスミンとかメロンとか、決められた香りを全部覚えなくてはいけない。ワインのソムリエみたいなものでしょうね。暗室の中でカッピングし、その味や香りを特定するのは本当に難しかった。私は〝おいしいコーヒー〟の基準を知りたくて応募したんですが、私の舌がおいしいと思う基準とはちょっとばかり違っていましたね。基準自体は明確なんですが、あくまでSCAAの決めた基準ですからね、多少の齟齬《そご》はあります」

Qグレーダーの資格を取ると、当然ながら香りにうるさくなる、と白井は言う。たとえば、白井はケニアという豆が苦手だそうだ。筆者はどちらかというと好きなほうで、自分でもしばしば焙いたりする。この豆、かなり深く煎り込んでも伸びがあってコクがある。そのケニアを白井は苦手だという。

「ケニアはエチオピアと同じで実に個性的。いつ焙いても〝あっ、ケニアの味だ〟と分かるんですが、なぜかトマト臭がするんです。このことはQグレーダー仲間の間でも評判になっていて、ケニアを焙煎するとトマトっぽくなると（笑）。でも丹念においしく焙くとトマト臭は出ない。つまり、まだまだ腕が未熟だってことでしょうか（笑）」

またQグレーダーの資格を取ってから、どういうわけか浅煎りに流されやすくなったともいう。それはよく聞く話で、どこそこの名店のブレンドがやけに浅煎りになったよね、なんて話はよくする。その店でもＱグレーダーがいて、資格を取った途端に浅煎りにシフトしていったのである。店主は気が付かないのかもしれないが、昔から飲みなれている客ならすぐ分かる。白井も「近頃浅煎りになったんじゃない？　酸味が出しゃばってきてるような気がする」と客に指摘されて初めて気づく始末。Ｑグレーダーはよくよく気をつけないといけないようだ。

このことについてもう少し詳しく説明すると、カッピング（コーヒー豆の香味を評価するためのカップテスト）する際の決まりというものがある。ＳＣＡＡのカッピング・プロトコル（規約）によれば、焙煎度は浅煎り〜中煎りで、アグトロンという色目基準では＃55前後ということになる。つまり、一ハゼと二ハゼの中間くらいの焙煎度ということ。なぜカッピングの際の公式基準が比較的浅煎りなのかというと、酸味が際立ち、個性がハッキリ出るからだそうだ。もちろん、そのコーヒーがおいしいかどうかは別問題。あくまで生豆の個性を評価するためのものだからだ。

しかし現実にはカッピング時に評価が高かったという理由で、その時の焙煎度をそのまま営業用に流用してしまう店がある。サードウェーブ系の店は概ねその傾向があって、全体に焙煎度が浅いのである。「コーヒーはやっぱり酸味よね」という〝酸味派〟はけっこういる。コーヒーは嗜好品だから浅煎り好きがいて当然。ただ〝苦味派〟の筆者は思うのだ。時々は深煎りコーヒーが醸す苦味の世界にも触れてほしいと。別に〝転向〟まで勧めているわけではないので、念のため（笑）。

最初はマックスに近い火力でロースト

さて、Qグレーダーといえば、軽井沢の中村元治《もとじ》も有資格者である。中村は白井に焙煎を教えたものの一人で、軽井沢に「ＣＯＦＦＥＥ ＲＯＡＳＴＥＲＹ ＮＡＫＡＪＩ」（別稿参照）を構え、コーヒー焙煎の技術講習会を開くだけでなく、焙煎の通信講座なども主宰している。プロでもアマでも誰でもＯＫ。どんな焙煎機も自在に使いこなせる焙煎コンサルタントを本業にしている。中村の持論は、

「手網でもフライパンでも、焙煎そのものの理屈が分かっていれば、高いレベルまで持ってゆける」

というもの。また「技術を追い求めることに素人も玄人もない」ともいう。元愛知県警の刑事という変わり種で、退職後、「丸山珈琲・小諸店」で三年間焙煎を担当していた。この中村が、白井にギーセンの使い方を指南したのである。

そもそもギーセンというオランダの焙煎機はどういうものなのか。白井曰く、

「ギーセンはフルカスタムで調整できます。ドラムの回転数も変えられるし、排気もパスカル（機械内部気圧）で調整できる。いわゆるふつうの焙煎機についているダンパー操作とい

うものがなく、パスカルを見ながら排気と火力をコントロールするんです」

素人には何が何だかサッパリ分からないだろうが、要はあらかじめ設定したパスカルの量を常に引っぱれるように、自動で排気ファンを調整するということなのだ。

それではためしにニカラグアの豆を焙いてもらおう。まず三〇分ほど暖気運転をし、釜の中を温めてから焙煎する。そうすると味のブレがなくなるのだという。

「焙煎の前半に完全なる水抜きをすると、後半の味づくりがしやすくなります」

と白井。パネルをのぞくと、ドラムの回転スピードが四六ヘルツ。六〇ヘルツまで上げられるそうだが、ドラム回転は一定にしておいたほうがうまくゆくらしい。パスカル表示は八〇パスカル。一八〇パスカルまで上げられるというから、ダンパーの全開より遥かに強力な吸引力だ。

二キロの生豆を投入すると、焙きあがりまで一一分くらいか。以前は同量の豆だと二〇分くらいかかっていたのだが、火力を前半にかけるようにしたら、焙煎時間が大幅に短縮したという。

「最初は九五パーセントくらいのマックスに近い火力でローストします。一八〇℃で豆を投入しておよそ三〇秒間。最初はある程度閉じた状態を作って水抜きをするんです。次に八パーセントくらいまで火力を下げ、最後は二一〇℃くらいまでもってゆきます」

ここではニカラグアを焙煎したが、白井はとりわけグアテマラの豆が好きだという。味のバランスが良くて、華やかな香りもある。それでいて、「〝コーヒー感〟がしっかりある」（白井）。

「グアテマラは中深煎りがいいですね。しっかりしたボディとコクの中に甘味も感じられる。とりわけアンティグア地区の豆は品質はもちろんですが、口に含むとアンティグア産特有のフレーバーの華やかさがある。ワインでいうと赤ワイン系でしょうか」

そう言う白井は、アジアのコーヒー豆にも注目している。メニューの中には「ラオス・パンロンラン」とか「ミャンマー・ジーニアス」といった耳慣れない豆も並ぶ。京都南区にある「坂ノ途中」という会社のコーヒー部門「海ノ向こうコーヒー」から取り寄せたものだ。白井は今、生豆は足立区の「ユーエスフーズ」とこの「海ノ向こうコーヒー」から仕入れている。産地から直に仕入れているからかコスパがよいのだ。アジア産のコーヒーの印象を訊くと、

「中南米のコーヒーと比べると、味の濃厚さはなく、お茶みたいに割とサッパリしてますね。今は中深煎りくらいで焙いているけど、ほんとうはもっと浅煎りにしたほうがアジア産の特長が出るかもしれません」

聞けば、「海ノ向こうコーヒー」の仕入れる豆はほとんどがオーガニックで、ロブスタコーヒーで知られるベトナムも、今やどんどんアラビカ種の栽培にシフトしているという。

ああ、それにしても、ギーセン焙煎機が発する焙煎時の音はどうだ。まるで高級車のエン

ジンみたいな端正な音ではないか。こう言うと、白井はさも嬉しそうに、

「そうでしょう、まさに高級車のエンジン音そのものです。私はこういう、いかにも〝メカメカ〟した機械をいじくるのが大好きなんです」

とボソリと言った。筆者は一瞬、マジンガーZなどといったロボットのプラモデルに熱中する少年を想った。メカメカした機械がからっきし苦手な筆者は、つい憧れに似た目で白井の横顔を見つめてしまった。

焙煎コンサルタント

HOME
COFFEE
ROASTING
column

人に喜んでもらえる仕事

中村元治（四六）は元愛知県警の刑事である。で、今の肩書は「焙煎コンサルタント」。長野県は軽井沢で「COFFEE《コーヒー》 ROASTERY《ロースタリー》 NAKAJI《ナカジ》」というコーヒー焙煎教室をやっている。犯罪を取り締まる仕事からの大転身。理由を訊けば、「罪を犯した人間も、事情聴取すると、やむに已まれぬ理由があったりする。自分は法律を執行する側に身を置くより、むしろ人々に寄り添って、彼らの生活に彩りを与えるような仕事がしたかった」とは中村の弁だ。警察の仕事は国民の安全を守る立派な仕事だが、中村は少しばかり人間が優しすぎるのかもしれない。

中村の〝焙煎事始め〟は銀杏煎りの網からのスタートである。そこからホウロク、フライパンと続き、本格的な焙煎機へと向かう。教室ではオランダはギーセンのW1（二キロ）を使用、プロ向けの焙煎トレーニング教室もあるし、アマチュア向けの焙煎ワークショップなどもやっている。中村は軽井沢に本店のある「丸山珈琲」で三年間焙煎を担当したことがある。「チーム丸山」に籍を置いていた濃密な三年間は、中村にとってかけがえのないものであった。

「丸山珈琲」といえばスペシャルティコーヒーの専門店。社長の丸山健太郎は世界に名の知れたコーヒー品評会における国際審査員だ。また同店からはバリスタの世界チャンピオンも輩出されている。中村は主に小諸店で焙煎を担当していた。使用していたのは米国製の完全熱風式焙煎機ローリングスマートである。スペシャルティコーヒーの焙煎に適した焙煎機といわれている。

中村のすごいところは、焙煎機を選ばないところだろう。ディードリッヒ、ローリング、プロバット、ギーセン、フジローヤルと何でもござれだ。実際、「NAKAJI」の講座の中には、「焙煎スキルアップコース」というのがあって、クライアントのお店まで出張し、店主のめざす味に近づけるためのトレーニングを実施する。直火式であろうと熱風式であろうと、用意された焙煎機を難なく使いこなさなくては仕事にならない。

「それぞれに機械としての特徴はありますが、焙煎するのはコーヒーの生豆なので、その変化のプロセスに大きな違いはありません。直火も熱風、半熱風もあまり関係なし。加熱法の違いより、焙煎機の構造の違いのほうが大きいんじゃないかしら」

コラム　焙煎コンサルタント

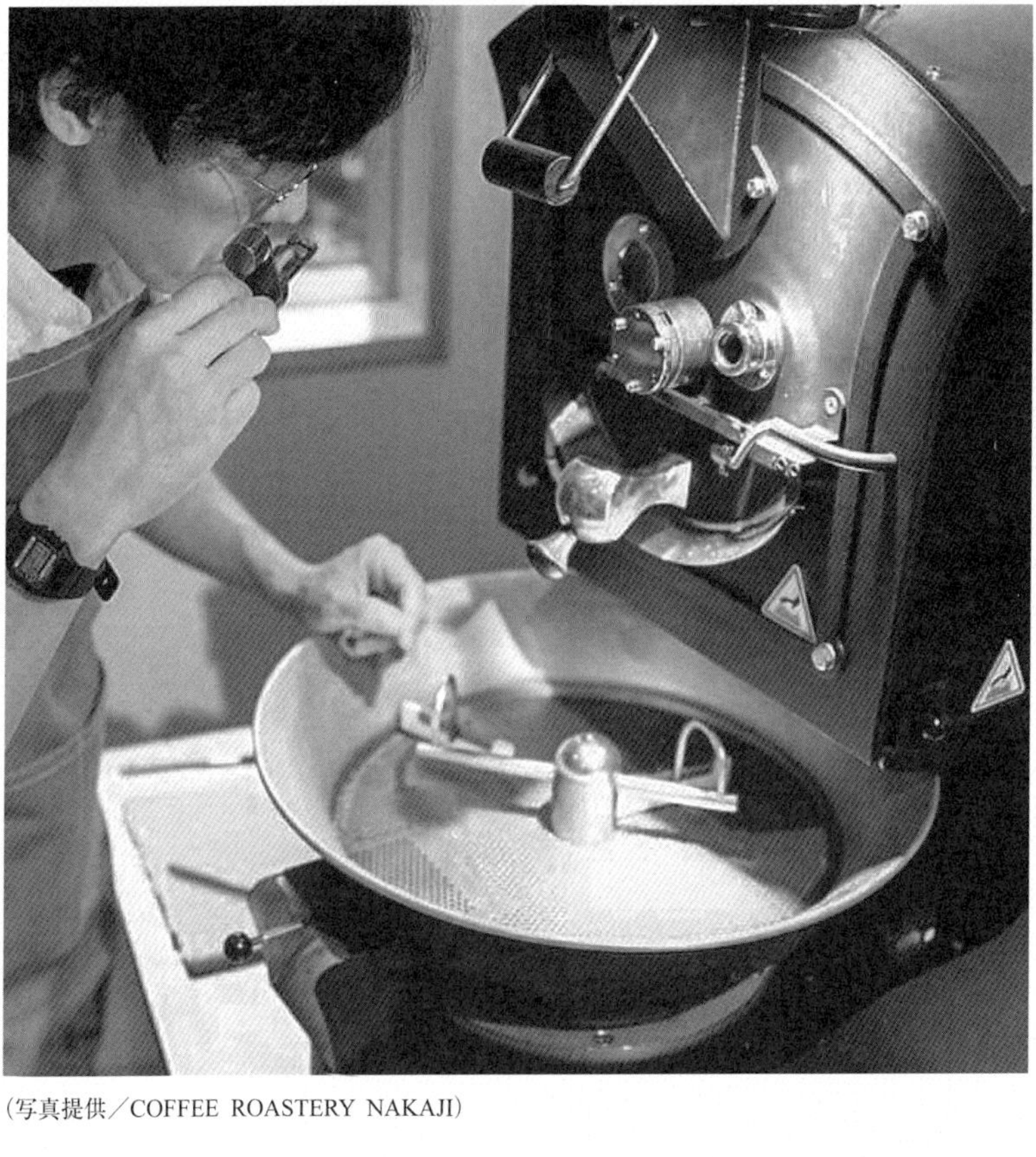

（写真提供／COFFEE ROASTERY NAKAJI）

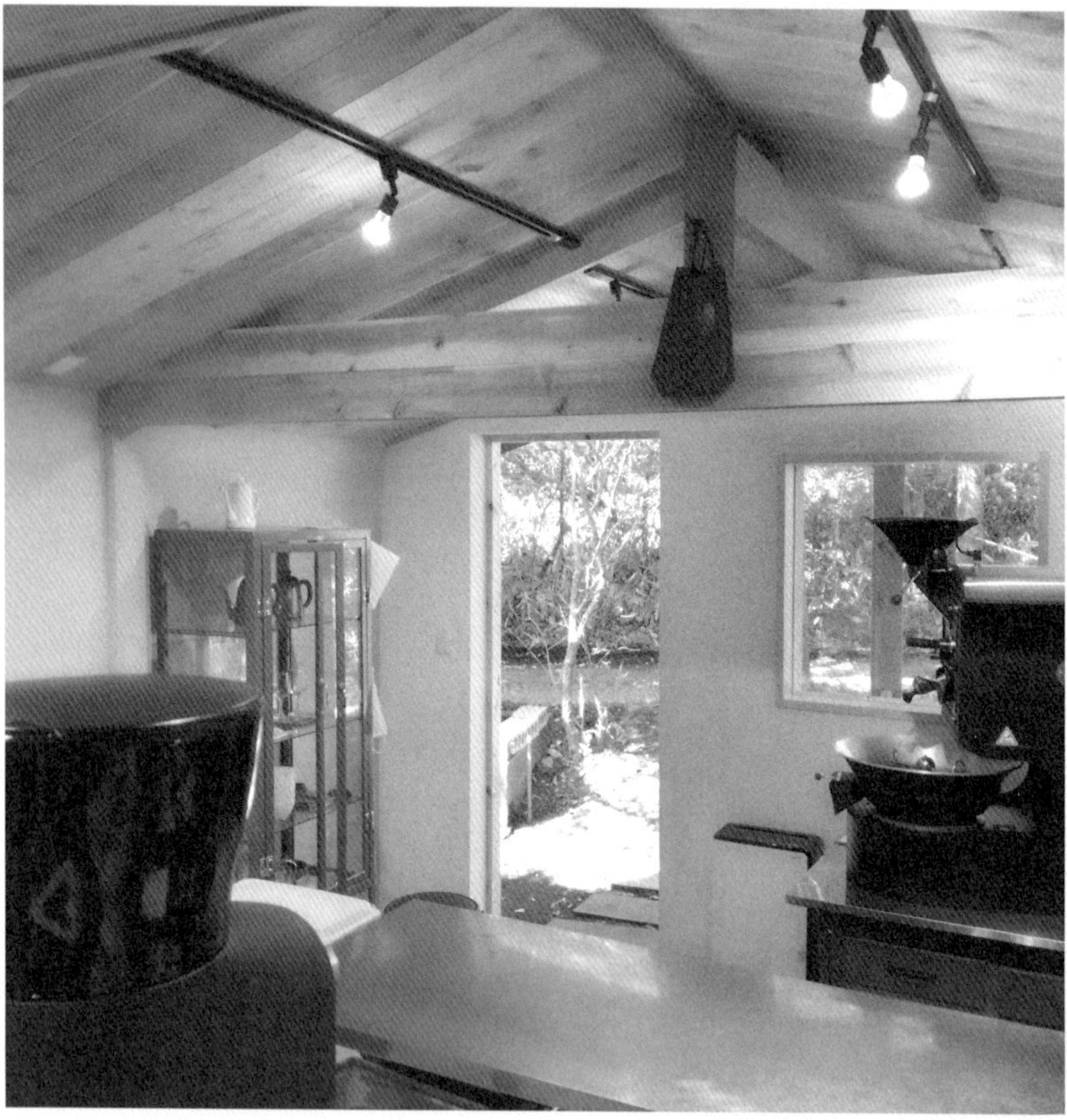
（写真提供／COFFEE ROASTERY NAKAJI）

講座受講生の八割はプロ

中村は機械焙煎とハンドロースト、つまり手網やフライパンを使った焙煎を同列に見ている。機械が上で、ハンドローストが下ではないのだ。ある時、焙煎機で煎ったコーヒーを専門家たちがカッピングする機会があった。中村はその中に、フライパンで焙煎した豆をこっそり紛れ込ませた。後になってタネ明かしはしたが、その場でフライパン焙煎を見破るものはなかった。カッピングの評価は総じて機械以上というものであった。ではどうやってフライパンで機械焙煎以上の香味を引き出すのか？

「フライパン焙煎の良いところはムラなく焙煎できることです。そのためにはどうしたらいいのか。〝フタ〟を使うんです。焙煎の際に透明のフタを上からかぶせてしまう。生豆から水分が抜けてゆけば、フタに水滴がつきます。そうしたらタオルなどで拭いながら、豆の色の変化を注意深く見てゆく」

中村に言わせると、手網などよりも豆全体に熱が通りやすくなって、豆の表面に脂質などがにじみ出てくるため、華やかなフレーバーや甘さを感じる煎り具合に仕上がるという。

「ＮＡＫＡＪＩ」にはさまざまな講座がある。焙煎した課題豆とプロファイルを中村に送付し、カッピングと添削をしてもらう「焙煎通信講座」や、軽井沢のセミナールームで行う「カッピング講座」、課題豆を受講生と講師が共に焙煎し、理想の焙煎をオンラインでアドバイスする「オンライン焙煎講座」など七〜八コースである。標高一〇〇〇メートルの避暑地軽井沢。涼風の吹き抜ける緑豊かな環境の下での焙煎三昧は、贅沢の極みかもしれない。しかしコロナ禍のためか、今は通信講座がメインだという。受講生の八割はプロで、残り二割がアマ。男女比率は男が八割だという。中村のひと言が面白い。「車の運転が上手な人は概ね焙煎も上手ですね」。全方位に神経をめぐらせる人が焙煎上手ということか。

7

焙煎機・生豆・器具

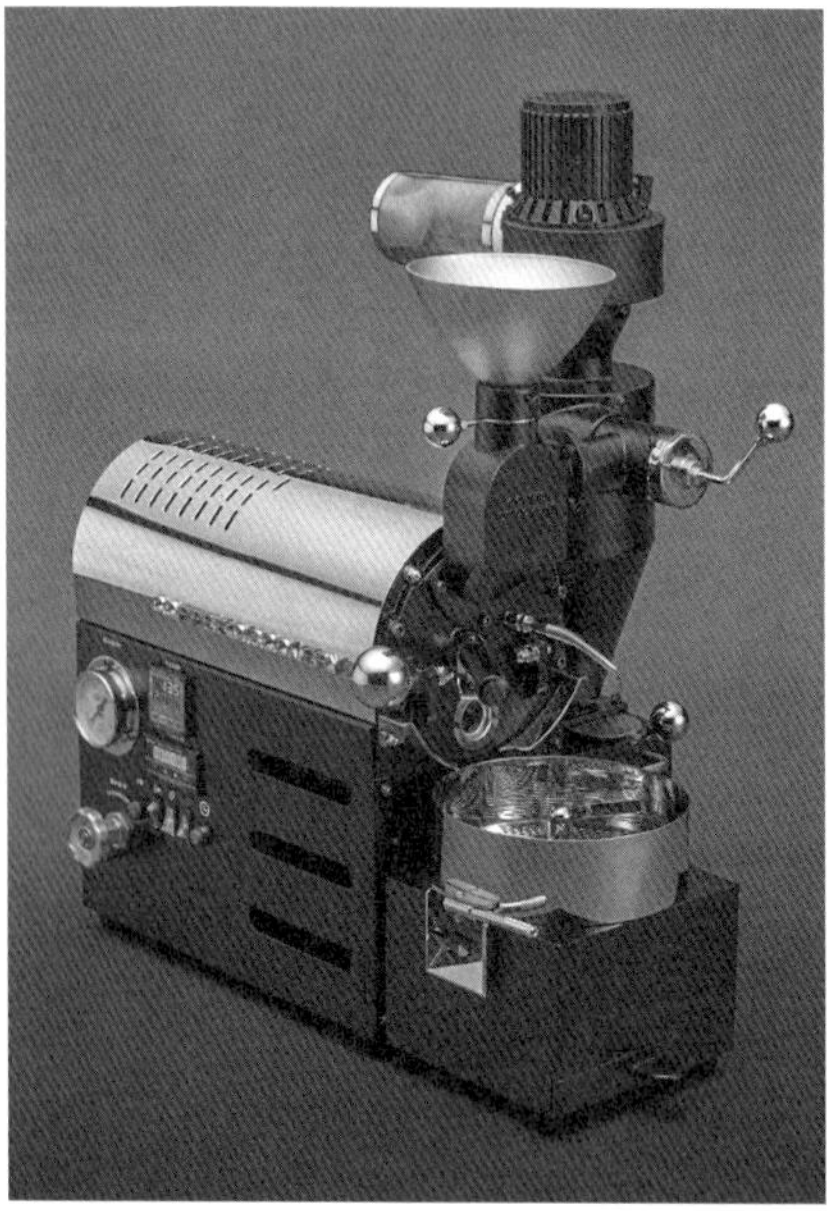

ディスカバリー
（フジローヤル）

超小型ボディの本格派ロースター。プロはサンプルロースターとして、アマは焙煎入門機として注目する人気機種だ。重量は38kg、焙煎量は250gとやや少なめ。直火式と半熱風式がある。

手廻し焙煎機
（フジローヤル）

「富士珈機」の前身「富士珈琲機械製作所」の寺本一彦が開発した1kg用の手廻し焙煎機。あの名店「大坊珈琲店」の大坊勝次が監修した復刻版である。限定販売だが、売り出した途端に売り切れてしまうという。

手廻し焙煎機
(ユニオン)

パンチング穴無しのノーマルタイプ。ドラム内に羽根が付いていて、ムラなく均一に焙ける。重量は6kg、焙煎量は450g。半熱風なので豆が焦げにくく風味も逃げないという。手網より安定している、との声も。

手網焙煎器
(スリースノー／ユニオン)

直径16cmのステンレス網。焙煎初心者用に作られた。柄の部分は天然木のローズウッド。網の底部に凹凸があり、豆が踊ってくれるから煎りムラが起きない。生豆は100g投入。強火の遠火でひたすら振り続ける。

電動式焙煎機「The Roast」
(パナソニック)

「攪拌羽のない完全熱風式の超小型釜」という謳い文句。味の再現性が非常に高い、というのが特長で、1℃、1秒、1％単位で温度、時間、風量を設定し、好みの焙煎プロファイルを作ることができる。重量は約5kg、焙煎量は1回50gと少量だ。

生豆

当たり前のことだが、コーヒー豆は農作物である。育った土地によって味は異なるし、天候などによっても作柄は左右される。野菜と同じなのだ。で、どんな豆を選ぶべきかという質問には、煎って飲んでみなければ分からない、とお答えしよう。筆者はマンデリンとかモカとか、あるいはアフリカのブルンジといったクセの強い豆が好きなのだが、それも飲んでみて分かったことで、いろいろなタイプのコーヒーを飲んでゆけば、自ずと好みのタイプが決まってくる。最初は標準的なコモディティコーヒーからスタートすればいい。ネット通販で少量から購入できる。生豆販売も今、アマチュア向けに力を入れている。趣味の〝お家焙煎〟が静かなブームだからだ（副業にしている人や開業準備中の人も多い）。そのうちスーパーで気軽に生豆を買えるような時代が来るかもしれない。生豆の保存は厚手の紙袋などに詰め、直射日光や蛍光灯を避け風通しのいい場所に保管する。夏場はクーラーのある部屋か、お米専用の保冷庫などに保管するといい。

コーヒー・キッズ

北海道拠点の生豆問屋。世界20数カ国55品目の生豆を100gから購入できる。ロブ種からブルーマウンテンまで取り扱い、スペシャルティのセット商品もある。

https://www.coffeekids.co.jp/

コーヒーネットワーク
兼松

総合商社・兼松の運営サイト。持続可能な農業方法で栽培されたコーヒー豆を世界中から買い付けている。プロ向けの麻袋が主だが、5〜20kgの小分け商品もある。

https://www.coffee-network.jp/

コーヒー豆の通販
ミカフェート オンラインストア

世界各国のコーヒー農園を知るJosé.川島良彰氏。世界中の志の高い生産者と高品質の豆を作ってきた経験と実績がある。その厳選された豆を1kg、5kg、10kgに分けて販売している。

https://shop.mi-cafeto.com/fs/micafeto/c/greenbeans

コーヒー流通センター

自家焙煎店が主な取引先で、プロ向けの生豆販売会社。およそ70種類以上の生豆を扱っていて、取引は10kg単位か、もしくは麻袋（60kg）単位になる。
https://www.coffee-rc.jp/

スペシャルティコーヒーのワタル

世界中の多様な産地のスペシャルティコーヒーを取り扱う。特殊ロットやオークションロットなども販売され、自家焙煎店や開業準備者に向けて最小5kgから取引を行っている。
https://www.specialty-coffee.jp/

松屋珈琲

生豆通販専門店。基本は1kg袋で、5kg以上20kgまでは箱詰めとなる。生豆は世界20数カ国から。グレードはスタンダードからCOE（カップオブエクセレンス）まで対応。
https://matsuyacoffee.shop-pro.jp/

ユーエスフーズ

自家焙煎店卸専門の会社。約90種の生豆を扱い、5kg単位から販売。オリジナルブランドUSプレミアムが人気。開業を予定している方で混載20kgの納品が対象となる。
https://usfoods.co.jp/

ワイルド珈琲ストア

取り扱う生豆は30数カ国70種以上。500g単位で購入できる。生豆のレーダーチャートでイメージがつかみやすい。煎り豆のほかオリジナルの焙煎機も各種販売している。
http://www.wild-coffee-store.com/

ユニオン

浅草かっぱ橋道具街の「ユニオン」は創業60年弱。〝コーヒーと喫茶〟に特化した品揃えで、道具類だけでなくコーヒーの生豆や煎り豆も販売している。生豆は500 gもしくは1kg以上で販売。
東京都台東区西浅草3-7-3
tel. 03-5826-5922

電動式ミル「みるっこ」
（フジローヤル）

業務用でも家庭用でもOK。耐久性が抜群で、「まず壊れない」というのが大方の評判。メッシュ（粒度）が揃っていて美しい。またグラインドのスピードが圧倒的に速い。

ザッセンハウス・ミル
（メリタ）

150年以上の歴史を持つドイツの老舗メーカー。刃は硬質特殊鋼で熱を帯びない。ミルの切れ味はよく、粒度が均一になる。

ハリオ・スマートミル
（ハリオ）

セラミック製の臼を使用しているので金属臭はなく、サビない。切れ味もよい。デザインもスタイリッシュで、コンパクトなので携帯にも便利。アウトドア向き。

ハリオネルフィルター&ウッドネック
（ハリオ）

直径10cmほどのネルフィルターで点滴抽出すると味が円く柔らかくなる。コーヒーオイルがカットされないので、コクも香りも出る。ネルの管理は、水を張った容器に入れ冷蔵庫で保管。

ハリオドリッパー
（ハリオ）

サードウェーブ以降、注目が集まった「ハリオV60」。台形ではなく円錐形で、内側のリブにひねりが加えられているため、コーヒー粉がしっかり膨らむ。大きな穴が一つ。

カリタドリッパー
（カリタ）

ドイツのメリタは一つ穴だが、日本のカリタは3つ穴。そのため抽出はスムーズで、雑味が出にくいといわれている。日本の喫茶店のハンドドリップには欠かせない道具。

ユキワコーヒーポット
（ユキワ）

三宝産業の総ステンレス製ポット。持ち手と注ぎ口が絶妙なカーブを描いている。新潟は燕市の職人技だという。やや重いのと、湯量コントロールに難があるが、慣れれば問題ない。

タカヒロコーヒードリップポット
（タカヒロ）

ステンレス製で、錆に強く直火にかけられる。特徴は極細のパイプがゆるやかにカーブした注ぎ口。湯量コントロールがしやすく、真上から湯を注げる。IHにも対応している。

あとがき

嶋中　労

月刊誌の記者をやっている時、喫茶店はよく取材した。なかでも自家焙煎店の取材は面白かった。頑固一徹でひと癖ありそうな店主が多かったからだ。北は北海道から南は九州まで、足を使ってよく歩き回った。なにしろインターネットなど存在しない時代で、店舗情報は足で探すしかなかった。

ところがどうだ、あの日から四十有余年。インターネットがあまねく普及し、情報など腐るほど転がっている。「コーヒー」とか「自家焙煎」で検索すればいくらでも出てくるし、なかには動画で焙煎を実演したりしているものもある。その気になれば、コーヒー焙煎のイロハくらいすぐ学べるのだ。ただしネット上にあふれる情報はそれこそピンキリで、真贋を見分ける目がないと、たまにガセネタを摑まされることもある。

ＳＮＳ（フェイスブックやツイッター、インスタグラムなど）の中には、多種多様なコミュニティがある。同じ趣味を持つ人、出身地が同じ人などがネット上で集い交流を深めている。コミュニティに参加すれば、趣味や仕事に関する重要な情報を得られることもあるし、SNSで出会い、めでたく結婚したカップルもある。コーヒー関連でいえば、「コーヒーの木を育てる会」だとか「自家焙煎珈琲フリーク」などというコミュニティがあって、コーヒー大好き人間たちが互いの情報を交換し合っている。焙煎や抽出などの動画も数知れずアップロードされているので、へたな解説書などを読むより分かりやすいかもしれない。

そんな中、私は旦部幸博という強力な助っ人を得て、SNSの向こうを張った〝へたな解説書〟を書くことになってしまった。新型コロナというウイルスが猛威を振るう中、外出を自粛し、巣ごもりしている人たちに向け、「ほんの気散じにコーヒーを焙煎してみてはどうですか?」とばかりに、お節介にも〝お家焙煎〟を推奨するのが本書なのである。

旦部氏と知り合ったのは『コーヒー おいしさの方程式』(NHK出版)という本に関わった時だ。ネット上で『百珈苑』というマニアックなブログを主宰している、というのは承知していたが、実際に会ってみると、その該博な知識にただただ圧倒された。鳥目散帰山人氏の『珈琲漫考』も趣味の域を超えた優れたブログだが、旦部氏のブログは科学者らしい視点でコーヒーを俎上にのせ、縦横無尽に切り刻んでは、精緻な分析を加えている。その伝で、この〝お家焙煎〟推奨本にも鋭くメスを入れてもらい、コーヒー自家焙煎に少しだけ学術的彩りを添えてもらう、というのが本企画の主旨なのである。

かつて、コーヒーを焙煎するというのはプロの聖域と考えられていた。何百万円もする焙煎機など所詮手が届かないし、機械の扱いもチンプンカンプン。自家焙煎のコーヒー店を出したいとする開業希望者だけが、各種焙煎セミナーに参加したり、有名店で修業し腕を磨くものと思われていた。ところが今は違う。焙煎セミナーに参加する生徒の二割方はアマチュアだという。手網やフライパン焙煎ならすぐにはじめられるし、生豆はネット通販で買えばいい。焙煎法は本を読んだりネット上の動画を見れば、どうにかこうにか格好はつく。何度か繰り返していれば、そのうち堂に入ったものになるだろう。

数年前、私は自分の住む町の公民館から、「コーヒー焙煎の講師をやってほしい」と頼まれたことがある。お安い御用だと即引き受けたところ、当日、老若男女の市民が駆けつけてくれた。小むずかしい理屈は無用、と判断した私は手網を使った焙煎を実践して見せた。その際、コーヒーの生豆を披露におよんだのだが、「えーっ、コーヒーの生豆って、こういうものなんだ！」と、会場のあちこちから驚きの声が上がった。ほとんどの人が生豆を見たことがなかったのである。これには私も驚いた。その生豆を手網で煎ってゆくと、豆の表面の色がどんどん変わり、コーヒーらしい香りが会場に満ち満ちてくる。そして〝パチパチ、ピチピチ〟というハゼ音。豆が膨らみハゼるたびに、生徒たちは歓声を上げる。彼らの中から、何人の焙煎愛好家が育ってくれたかは知らない。ただ、たしかな手応えはあった。

さて、家庭向けの小型焙煎機も数万〜数十万円で売られている。もう一段階、ステージを上げたいと思う人は手を伸ばしてもいいだろう。コーヒー焙煎を副業的なものと捉えるのならなおのことで、流行の「働き方改革」ではないが、煎った豆をネット通販という形で売れば、本業とは別の顔を持つという多様な生き方を実践できる。現実の空間ではいかに存在感が乏しくとも、ネット空間ではヒーローやヒロインになれるかもしれない。現に、「コーヒー名人」や「カレー名人」などがいっぱいいる。

アイデンティティ（自己同一性）というものは必ずしも一つである必要はない。働く中で学ぶことはあるし、遊びの中で得たインスピレーションを仕事に結びつけることもある。芸は身を助く、ではないが、複数のアイデンティティを身のうちに持てば、平板で〝社畜〟的な生き方からオサラバできるかもしれない。多様で重層的な生き方が目前に広がっているのだ。そのとっかかりをコーヒーの焙煎に見出してもらえれば、こんな嬉しいことはない。

本書の中には、コーヒー焙煎のセミプロたちが複数登場してくる。それは有名な写真家であったり、業界に聞こえたブロガーであったり、果ては機械メーカーの社員や料理学校の先生もいる。多様な顔を持つ彼らこそ、政府が音頭取りをしている「一億総活躍社会」の真の実践者たち、ということができよう。拙著『コーヒーに憑かれた男たち』（中公文庫）の続編がもしあるならば、真っ先に登場してもらいたい人たちである。彼らこそ令和版のまったき「憑かれた男たち」といえるだろう。

私は日に四〜五杯のコーヒーを飲む。こうしてパソコンとにらめっこしている時も、傍らにはコーヒーがある。冷凍庫にはコーヒー豆がいっぱい。全国の有名店から取り寄せたものばかりだ。時々、私が焙煎したコーヒーが名人たちの豆と一緒に庫内に並ぶのだが、コーヒーにうるさい女房はそしらぬ顔で端に寄せてしまう。「頭が高い、控えおろう！」というわけか。ほとんどが中深煎り〜深煎りの豆で、夫婦揃って深煎り好みなのである。私たちは〝深煎りコーヒー〟に操を立てた頑固なおじさんとおばさんなのだ。

ところで、浅草かっぱ橋の喫茶器具を扱う「ユニオン」で、コーヒーを焙煎する器具やロースターが「以前より倍以上売れている」と聞いている。「以前」とは「コロナ以前」のことである。コロナ禍の中、巣ごもり生活をより充実したものにしようと、コーヒーの自家焙煎にチャレンジする人が増えているということなのか。名人・大坊勝次も使っていた「富士珈琲機械製作所」の手廻しと同型の、サンプルロースターと呼ばれる五万円台の手廻し焙煎機が、プロではなくアマチュアの間で売れている、というのだから尋常ではない。

コーヒーには人を虜にしてしまう「何か」があるようだ。現に私と女房はコーヒーの虜で、コーヒーがなければ夜も日も明けないという日々を送っている。飲み方はブラック一本槍で、聞けばブラックでコーヒーを飲むというのは日本特有の〝奇習〟らしい。コーヒー豆本来の味を楽しむ飲み方が、なぜ風変わりなのか、私には皆目分からないが、銀座「ランブル」や、かつての吉祥寺「もか」でも、砂糖やミルク入りコーヒーを飲む客は一段低く見られていたというから、それはもう純粋で〝生一本〟好きの日本人が選ぶべくして選んだ飲み方なのであろう。

巣ごもり需要があろうとなかろうと、コーヒーの焙煎は楽しい。焙煎したことのない人は、ぜひこの機会にコーヒー生豆にふれ、自らの手で豆を煎ってほしい。その煎った豆を丁寧に抽出し、家人や友人たちに飲ませるのだ。私はそうやって、仲間たちを焙煎愛好家に染め上げていった。その幸せ色したコーヒーは、人生に彩りを与えてくれると思う。

最後に、科学的知見で彩りを添えてもらった旦部幸博氏と、コロナ禍にもかかわらず労を惜しまず取材に協力してくれた「バッハコーヒー」の田口護氏、そしてコーヒー焙煎に並々ならぬ蘊蓄を持つ編集担当の松政治仁氏には本当にお世話になった。衷心よりお礼を申し上げる。

取材協力　富士珈機
カフェ・バッハ
ユニオン
図版制作　タナカデザイン

嶋中 労（しまなかろう）
フリージャーナリスト。一九五二年、埼玉県生まれ。慶應義塾大学文学部卒業後、出版社に勤務。月刊誌編集長、編集委員など歴任。主な著書に『コーヒーに憑かれた男たち』『コーヒーの鬼がゆく』（共に中公文庫）のほか、『田口護の珈琲大全』『コーヒー おいしさの方程式』（共にNHK出版）などの取材・文を担当した。

旦部幸博（たんべゆきひろ）
科学者、コーヒー研究家。一九六九年、長崎県生まれ。京都大学大学院薬学研究科修了後、博士課程在籍中に滋賀医科大学助手に。現在、同大学准教授。医学博士。専門は遺伝子学、微生物学。人気の珈琲サイト「百珈苑」主宰。主な著書に『コーヒーの科学』（講談社ブルーバックス）、『珈琲の世界史』（講談社現代新書）など。

ホーム・コーヒー・ローステイング
お家《うち》ではじめる自家焙煎《じかばいせん》珈琲《コーヒー》

二〇二一年一二月八日 第一刷発行

著者 嶋中《しまなか》 労《ろう》
旦部《たんべ》幸博《ゆきひろ》
発行者 岩瀬 朗
発行所 株式会社 集英社インターナショナル
〒一〇一-〇〇六四
東京都千代田区神田猿楽町一-五-一八
電話 〇三-五二一一-二六三二
発売所 株式会社 集英社
〒一〇一-八〇五〇
東京都千代田区一ツ橋二-五-一〇
電話 読者係〇三-三二三〇-六〇八〇
販売部〇三-三二三〇-六三九三（書店専用）
印刷所 大日本印刷株式会社
製本所 株式会社ブックアート

ISBN978-4-7976-7406-4 C0095